JN026997

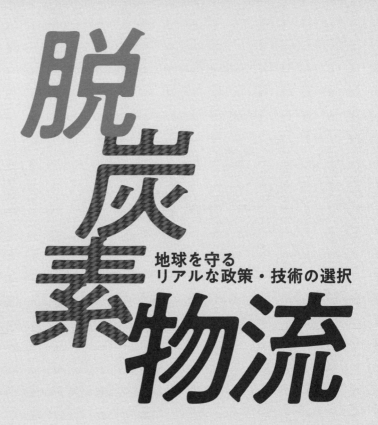

脱炭素物流

地球を守る
リアルな政策・技術の選択

近江 貴治 [著]
OMI Takaharu

東京　白桃書房　神田

はじめに

　頻発する異常気象など，地球温暖化が日常生活においても実感されるようになり，二酸化炭素（CO_2）をはじめとする温室効果ガスの排出削減に対しても，多くの人々が関心を持つようになってきている。スウェーデンの高校生（当時）グレタ・トゥーンベリさんの活動が注目を集め，次世代を担う若者らが声をあげるようになってきたことは，地球温暖化の阻止に一縷の望みが生まれてきたと捉えたい。地球の気候がどの程度の危機に直面しているのかについては，第1章で概説するが，決してのんびりとしていられる状況ではない。CO_2は我々の生活，経済活動に伴って日々排出されており，刻々とその許容量の限界へと近づいている。

　一方物流は，言うまでもなく我々の日々の生活を支える重要な経済活動である。店に行けばモノが買える，ネットで注文すれば宅配便で届くといった日常は，物流によって支えられているといっても過言ではない。その有難味をなかなか意識することがないものの，交通網が寸断されるような災害が発生すると，直接に被害を受けていなくても，工場も店舗でも物流が途切れてたちまちモノ不足に陥る。サプライチェーンがグローバル化した今日では，海外の災害であっても足元の生活に影響するような事態を引き起こす。これは，物流によって世界経済が動いている証左でもある。

　物流業界は，輸送手段別にトラック輸送，鉄道貨物輸送，海運，航空輸送の各業界に分けられるが，その活動は製造業や流通・小売業といった荷主の需要に規定される。輸送事業者は，基本的には荷主の要請，指示に基づいて，託された貨物を所定の場所，時間に届くよう輸送する。よって，貨物輸送によるCO_2排出削減を実施しようとすれば，必然的に荷主の理解，協力が重要なファクターとなってくる。近年のネット通販の拡大は，物流業界にも大きな変化をもたらしているが，これらも含めて物流を脱炭素型に変えていくためには，荷主業界も含めた構造改革が必要となってくる。

　インターネットの普及拡大は，経済のデジタル化，ソフト化を大きく進展させたが，モノがなくなった訳ではなく，物流は依然として日々動いてい

る。新聞，本，音楽などはデジタル化しネット空間を時間や距離の制約なく流通するようになってきており，経済の成長点がデジタル産業にあるのは確実ではあるが，仮に今後の物流が減少していくとすれば，おそらくは人口の減少に伴うものであって，人間が生活し活動する上では，モノへの需要は消滅しない。

このような状況を踏まえれば，高度にデジタル化した経済社会が出来上がったとしても，貨物輸送の CO_2 排出が大きく減少していくことは考えづらい。一方，第1章に示すようなカーボンバジェットを踏まえれば，CO_2 の排出が許容される量はごく限られており，物流でも排出削減の取り組みを急がねばならない。

世界的には，輸送する貨物量の増加に伴って物流からの CO_2 排出量も増加の一途をたどっている。日本の運輸部門の排出状況に目を向けると，21世紀に入った頃から減少に転じ，決して排出削減の劣等生ではないことが分かる。ただし，今後求められてくる80%以上の排出削減や，脱炭素社会への道筋が物流で確立しているとは言い難い。

では，物流で大幅な排出削減を達成するために，実効的な対策とはどのようなものだろうか。大幅な排出削減を前提に，物流においてどのように排出量をマネジメントし，排出削減に取り組むべきか，そしてどのような政策的管理を行うべきか。これらを問題意識として設定し，本書を構想した次第である。

以上のようなことを踏まえ，本書ではまず第1章において，地球温暖化の現状，およびIPCCの報告書に基づいた今後の排出可能量（カーボンバジェット）を整理する。第2章では物流におけるこれまでの排出量を整理した上で，排出量算定の考え方，排出削減対策の分類，マクロでの評価法などを検討する。第3章では排出削減策としてのモーダルシフトの問題点を取り上げ，モーダルシフトの温暖化対策としての有効性を考えていく。第4章では，物流の中心的位置づけにあるトラック輸送において，どのような対策や技術が有効でポテンシャルを持つのかを検討する。第5章では，日本政府が策定した「地球温暖化対策計画」の問題点を指摘するとともに，これまでの政策をマクロ指標から評価を試みる。

本書からおぼろげながらも脱炭素物流への道筋が見えるようであれば嬉しいが，同時に多くの課題や困難が今後も待ち受けていることも分かっていただけると思う。広い視野で，かつリアルに温暖化を防止できるような取り組みが広がることを願い，本書が何かしら公論形成の契機になればと思う次第である。

2023 年 4 月

近江　貴治

目 次

はじめに

第3章 モーダルシフトの限界
  ―気候変動対策としての有効性の検証

第 4 章　トラックで CO_2 を削減する可能性
―排出削減対策の有効性と問題点 ―――――― 93

図表目次

初出一覧

第 1 章　書下ろし

第 2 章　第 1-4 節　書下ろし

　　　　第 5 節　近江（2009），近江（2019），近江（2021）をもとに大幅
　　　　に加筆修正

第 3 章　書下ろし

第 4 章　第 1 節 - 第 3 節第 3.7 項　書下ろし

　　　　第 3.8 項　近江・歌川（2021）をもとに加筆修正

第 5 章　第 1 節　書下ろし

　　　　第 2 節　近江（2022）をもとに大幅に加筆修正

　　　　第 3 節　近江（2021）をもとに加筆修正

終　章　書下ろし

危険水準に向かう地球温暖化
―現状を数値で見る

1
....
はじめに

　物流における地球温暖化対策を考える上では，地球温暖化問題を正確に理解する必要がある。しかし，いわゆる「温暖化懐疑論」や議論のすり替えが意図するかしないかにかかわらず流布しているのも事実であり，それが対策を進める上での障害にもなっている（明日香，2021, pp.29-34）。本章では，地球温暖化に関する現状について，まず正確な情報を確認し，脱炭素物流を考える礎とする。

　地球温暖化の現状については，国連の気候変動に関する政府間パネル（Intergovernmental Panel on Climate Change：IPCC）が数年に1回公表している評価報告書（Assessment Report：AR）が基本となっている。IPCC自体は研究を行っている訳ではなく，各国の研究者が既存研究から気候変動の要因，影響と将来のリスク，それらリスクを減らすための適応・緩和について取りまとめており，その作成過程では専門家と195の加盟国政府によってオープンで透明性あるレビューを経ている（IPCCホームページ）。このIPCCの評価報告書に基づいて国連気候変動枠組条約締約国会議（COP）等での国際交渉も行われているため，国際的にオーソライズされたものと位置づけられる。日本政府も，「本報告書の取りまとめに当たっては，関係省庁の連携によりIPCC国内連絡会を組織し，活動の支援を行ってきました。

（中略）また政府としても，政府査読や総会における議論などに積極的な貢献を行ってきました」（環境省ホームページ（a））と記しており，政府としても公式レポートとして扱っているものである。

　IPCC の最新の評価報告書は第 6 次評価報告書（AR6）で，その第 1 作業部会（WG1）報告書（自然科学的根拠）の「政策決定者向け要約（SPM）」は 2021 年 8 月 9 日に公表された（IPCC, 2021）。全 42 ページと比較的コンパクトであるものの，温暖化の現状を理解するには十分である。

　気象庁はこの SPM の日本語暫定訳を同年の 8 月 20 日に公表した。本章では，基本的にはこの修正版（2022 年 12 月 22 日版）をもとに見ていくこととする。要約済みの SPM からさらに要約した紹介となるため，詳しい内容を把握したい場合は，SPM や報告書本編を参照していただきたい。

2
「人間の影響は疑う余地がない」：
現在までの気温上昇と人間活動の影響

　まず，AR6/WG1/SPM の冒頭のフレーズ（フレーズ A.1，以下フレーズは記号・番号のみ記す）に，「人間の影響が大気，海洋，及び陸域を温暖化させてきたことには疑う余地がない。大気，海洋，雪氷圏，及び生物圏において，広範かつ急速な変化が現れている」と記されている。この文にほぼすべてが集約されているとも言えるが，図表を使用しながら現状と将来の見通しが示されているので，以下かいつまんで紹介する。

　図 1-1 は，これまでの気温の推移で，左側の（a）が西暦 1 年からの変化を示している。かつて意図的なデータ操作があったとして「ホッケースティック曲線論争」が起きたのと同様の図だが，あえて WG1 の SPM の最初のグラフにこれを掲載したことには，IPCC 執筆陣の強い意思を感じる。

　この図は「1850〜1900 年を基準」としているので，化石燃料を大量に使い始めた「産業化（産業革命）」からの気温上昇とほぼ同じと見てよいだろう。20 世紀初頭から今日まで，著しい気温上昇が観測されていることがよくわかる。また，縦軸の左側に「過去 10 万年間で最も温暖だった数百年の

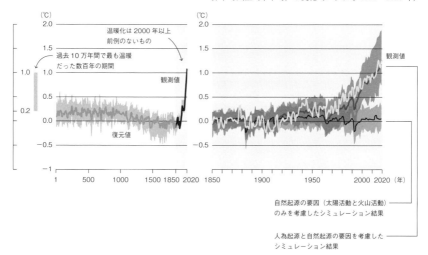

「1850〜1900 年を基準とした世界平均気温の変化」

(a) 世界平均気温（10 年平均）の変化
　復元値（1〜2000 年）及び観測値（1850〜2020 年）

(b) 観測あるいは人為起源と自然起源の要因又は自然起源の要因のみを考慮してシミュレーションされた世界平均気温（年平均）の変化（いずれも 1850〜2020 年）

パネル（a）古気候の記録から復元された世界平均気温の変化（灰色の太線■■，西暦 1〜2000 年）及び直接観測による世界平均気温の変化（黒色の太線■■，1850〜2020 年）。いずれも 1850〜1900 年を基準とした 10 年平均。左端の縦棒は，現間氷期（完新世）中の約 6500 年前に起こった，少なくとも過去 10 万年間で最も温暖だった数百年の期間の推定気温（可能性が非常に高い範囲）を示す。約 12 万 5000 年前の最終間氷期は，次に直近の気温が高かった期間の候補である。これらの過去の温暖な期間は緩やかな（数千年にわたる）軌道要素の変動によって引き起こされた。濃い灰色網掛けの領域は，復元された気温の可能性が非常に高い範囲を示す。
パネル（b）過去 170 年間の世界平均気温の変化（白色の太線）。1850〜1900 年を基準とした年平均値を，第 6 期結合モデル相互比較プロジェクト（CMIP6）気候モデルによるシミュレーションから得られた人為起源と自然起源の両方の駆動要因を考慮した気温（濃い網かけ及び実線■■）及び自然起源の駆動要因（太陽及び火山活動）のみを考慮した気温（薄い網かけ及び実線■■）と比較している。各実線は複数モデルの平均値，網掛け域はシミュレーション結果の可能性が非常に高い範囲を示す。

図 1-1　世界平均気温の変化の歴史と最近の温暖化の要因

出所：IPCC, 2021, p.6

期間」の気温が 0.2〜1.0 ℃の帯で示されており，今日の気温はこれを超えつつある。つまり，現在は 10 万年間でもっとも気温が高い時期に，急激に差し掛かっていると言える。

　同図の右側（b）は，それを 1850 年以降で抜き出し，人為的要因がなかった場合の気温の推定値（「自然起源の要因」）を併せて載せている。この推定値は±0 ℃周辺すなわち 1850〜1900 年のレベルで推移しており，人為的要

因が観測値の気温上昇の主因であることが分かる。冒頭にあった「人間の影響が大気，海洋，及び陸域を温暖化させてきたことには疑う余地がない」ということになる。

　もう少し短い期間での直近の傾向に関しては，「世界平均気温は，1970 年以降少なくとも過去 2000 年間にわたって，他のどの 50 年間にも経験したことのない速度で上昇している（確信度が高い）」（A.2.2）とあり，ここ 50 年間にことさら激しく気温が上昇したことが分かる。そして実際の気象現象への表れとして，「人為起源の気候変動は，世界中の全ての地域で多くの極端な気象と気候に既に影響を及ぼしている。熱波，大雨，干ばつ，熱帯低気圧などの極端現象について観測された変化に関する証拠，及び，特にそれらの変化が人間の影響によるとする要因特定に関する証拠は，AR5[1] 以降強まっている」（A.3）と記され，さらに「極端な高温（熱波を含む）が，1950 年代以降ほとんどの陸域で頻度及び強度が増加している一方で，極端な低温（寒波を含む）の頻度と厳しさが低下していることはほぼ確実であり，人為起源の気候変動がこれらの変化の主要な駆動要因であることについての確信度が高い」（A.3.1）とある。加えて，「強い熱帯低気圧（カテゴリー 3〜5）[2] の発生の割合は過去 40 年間で増加している可能性が高く，北西太平洋西部の熱帯低気圧がその強度のピークに達する緯度が北に移動している可能性が非常に高い」（A.3.4）とも記されている。「北西太平洋西部」の日本に住む我々の実感と非常によく合致するところが恐ろしくもある。

3
最も厳しく排出削減しても 1.5 ℃を上回る：将来の見通し

　SPM では，2100 年までの温室効果ガス（Greenhouse Gas：GHG）排出および気温上昇とその影響の見通しを，5 つのシナリオを設定して示してい

1　第 5 次評価報告書。第 1 作業部会のレポートは 2013 年に公表された。
2　カテゴリー 3 は 1 分間平均の最大風速 50〜57m/s，同 4 は 58〜69m/s，同 5 は 70m/s 以上。

表 1-1　将来の見通しにおいて設定されたシナリオ

シナリオ名	今後の CO_2 排出量
SSP5-8.5	2050 年までに現在の約 2 倍になる
SSP3-7.0	2100 年までに現在の約 2 倍になる
SSP2-4.5	今世紀半ばまで現在の水準で推移する
SSP1-2.6	2050 年頃またはそれ以降に正味ゼロになり，その後は正味負になる
SSP1-1.9	

注：SSP とは，Shared Socio-economic Pathway（共有社会経済経路）。ハイフン後の値は，2100 年時点のお
　　およその放射強制力の程度（W/m²）を指す。
出所：IPCC, 2021 より筆者作成

る（表 1-1）。「SSP」の後の数字がシナリオ番号で，大きい数字ほど CO_2 排出量も多くなる。SSP1 が 2 つあるが，これは温室効果の強さ（ハイフン後の数値）で区別している。

　これら 5 つのシナリオにおいて，CO_2 ほか 3 つの気温上昇の原因物質の排出量が，図 1-2 に示されている。これらのうち，CO_2 が気温上昇には大きく作用するため，「将来の排出は将来の追加的な昇温を引き起こし，全昇温量は過去及び将来の CO_2 排出量に支配される」（IPCC, 2021, p.13）と記述されている。

　ここで，SSP1-2.6 と SSP1-1.9 の 2 つのシナリオでは，将来の CO_2 排出がマイナスになっていることに注意したい。マイナスの排出ということは，何らかの形ですでに排出された CO_2 を吸収しなければならず，その対応策としては植林による森林面積の増加と，DAC（Direct Air Capture：大気中からの直接回収）があげられる。森林面積が増えれば，その分だけ大気中の CO_2 が吸収されて木に蓄積されるが，世界の森林面積は減少[3] していることから，吸収源として見込むには相当なシフトチェンジが必要である。DAC は技術開発が続けられているようだが，実用化には至っていない。大気中に CO_2 が急速に増えているとはいえ，濃度が約 400ppm（0.04％）という極めて希薄な気体を分離・回収することは容易ではないだろう。もとより CO_2

3　FAO（2020, p.17）によれば，2010〜20 年の 10 年間で世界の森林面積は年率平均
　　0.12％減少した。

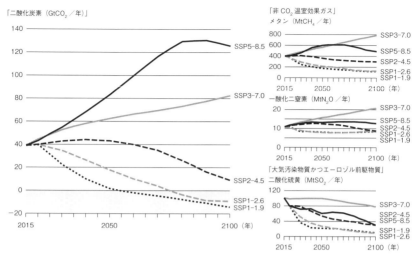

図 1-2　5 つの例示的なシナリオにおける CO_2（左）および一部の主要な非 CO_2 駆動要因（右）の将来の年間排出量

出所：IPCC, 2021, p.13

の排出を極力少なくすることが先決である。なお，CCS（Carbon Dioxide Capture and Storage：CO_2 の回収・貯留）と呼ばれるものは，火力発電所等の大規模排出源での CO_2 回収であり，排出ありきの回収となるため，大気中からの吸収技術としては除外するのが適当と考えられる。

　これらのシナリオどおりに今後 GHG が排出され，あるいは排出が減少した場合，地球の気温はどのようになるのかを示したのが，図 1-3 である。気温上昇が最も抑えられている SSP1-1.9 のシナリオにおいても，危険水準とされる 1.5℃の上昇に達しているように見える。これについては，「世界平均気温は，考慮された全ての排出シナリオの下で，少なくとも今世紀半ばまでは上昇し続ける。向こう数十年の間に CO_2 及びその他の温室効果ガスの排出が大幅に減少しない限り，21 世紀中に 1.5℃及び 2℃の地球温暖化を超える」（B.1）とあり，「GHG 排出が非常に少ないシナリオ（SSP1-1.9）においては，世界平均気温が，1.5℃の地球温暖化を 0.1℃より超えない一時的なオーバーシュートを伴って，21 世紀末にかけて 1.5℃未満に戻るように低下するであろうことは，どちらかと言えば可能性が高い」（B.1.3）と

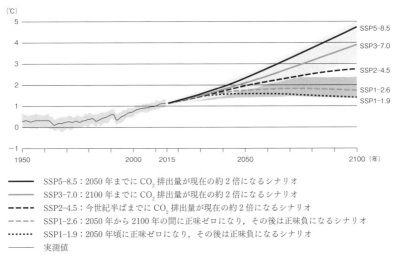

（℃）

SSP5-8.5
SSP3-7.0
SSP2-4.5
SSP1-2.6
SSP1-1.9

────── SSP5-8.5：2050年までにCO₂排出量が現在の約2倍になるシナリオ
────── SSP3-7.0：2100年までにCO₂排出量が現在の約2倍になるシナリオ
- - - - - SSP2-4.5：今世紀半ばまでにCO₂排出量が現在の約2倍になるシナリオ
- - - - - SSP1-2.6：2050年から2100年の間に正味ゼロになり，その後は正味負になるシナリオ
・・・・・・ SSP1-1.9：2050年頃に正味ゼロになり，その後は正味負になるシナリオ
────── 実測値

図1-3　シナリオ別の世界の平均気温の変化（1850〜1900年基準）
出所：IPCC, 2021, p.22

　記されている。つまり，図1-2のSSP1-1.9のように今後急激に世界のCO₂
排出を減らし，大規模植林やDACで大気中のCO₂を吸収して2055年頃か
らは正味マイナスの排出になったとしても，いったんは1.5℃の上昇に達す
るということである。急激なCO₂排出の削減が社会経済的に現実的かどう
かはさておき，それを成し得たとしても1.5℃の上昇が避けられないのが地
球の現実である。

4

残されたわずかな排出可能量：
カーボンバジェット

　では，温暖化を防ぐために何に着目して考えるべきか。あるいは，何を指
標として対策・政策を組み立てていくべきかについて，ここから検討してい
きたい。
　大気中のCO₂が温室効果を引き起こしているのであれば，その濃度を低

く抑えればよいのだが、大気中の CO_2 は、閉鎖空間、例えば半導体工場のクリーンルームのように人為的に直接コントロールできるものではない。人間がコントロール可能なのは人間自身の行為であり、その行為とは CO_2 の大気中への「排出」である。

では、人間による CO_2 の排出と、地球の気温上昇との間にはどのような関係があるのだろうか。2013～14 年に公表された IPCC の第 5 次評価報告書（AR5）では、「二酸化炭素の累積総排出量と世界平均地上気温の応答は、ほぼ比例関係にある」（IPCC, 2013b, p.25）という文が盛り込まれた。これの意味するところは図で示されている（図 1-4）。

この図は、1870 年以降の気温上昇（縦軸）と、人為起源の累積 CO_2 排出量（横軸上側。横軸下側は炭素換算値）との関係を示している。2010 年までの細い実線は実績値で、それ以降はシミュレーションにおける 4 つのシ

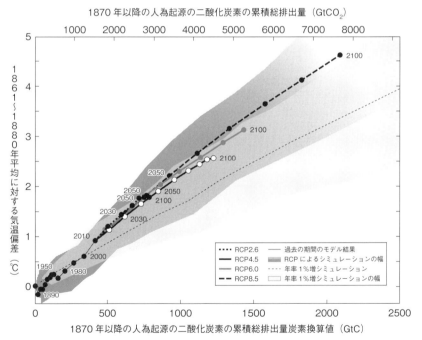

図 1-4　CO_2 累積総排出量と気温との関係

出所：IPCC, 2013a, p.26

ナリオ（各太線）と，CO_2排出を１年あたり1%増加させた場合のシミュレーション（細い点線）である。

　見てのとおり，４つのシミュレーションでもそれぞれのラインはほぼ重なっており，年号を示す数値の位置だけが異なっている。つまり，累積排出量によって気温上昇はほぼ決定し，排出が続く限り気温は上昇し続けることが分かる。2050 年以降は排出がほぼ止まる「RCP2.6」[4] シナリオでは，気温上昇が２℃の手前で止まり，2050 年以降のラインはほとんど伸びなくなっている。

　この図から，気温上昇を２℃に留めるには CO_2 の累積排出量（横軸上側）を 3000Gt 程度までに止めればよいことが分かる。ただし，過去に排出した分は取り戻せないため，それを差し引いた分が今後の排出可能量となる。これが「カーボンバジェット」である。

　バジェット（Budget）を和訳して「予算」というと，「年度内に消費すべきもの」あるいは「次年度はまた付与されるもの」と誤解しがちだが，カーボンバジェットは大気中の CO_2 を吸収・固定しない限り増えることはなく，消費した分だけ次年度以降の排出可能量がなくなっていく。予算というよりは，「兵糧攻めされている城の兵糧」の方が当てはまるだろう。ちなみに，前述のとおり大気中の CO_2 の吸収・固定は容易ではなく，当面この兵糧を増やすことは難しそうである。

　カーボンバジェットは，AR5 以後の IPCC の報告書でも示され続けている。2018 年に公表された「1.5 ℃特別報告書」（SR1.5）では，「確信度が中程度」としながらも，表 1-2 のようなカーボンバジェットを示している。「2006-2015 年の平均地上気温に基づく算定」というのは，2000〜10 年の間に気温上昇が緩やかになった「ハイエイタス」と呼ばれる現象を踏まえて算

4　RCP（Representative Concentration Pathways：代表的濃度経路）：土地利用／土地被覆とともに，温室効果ガス，エーロゾル，化学的活性ガスの一式について，排出量と濃度の時系列データを含むシナリオ。統合評価モデルによってつくられた４つの RCP シナリオは，既刊の文献から選択されたもので，気候の予報や予測の基礎として今回の IPCC 評価報告書（AR5）において用いられたものである。後ろの数値は，放射強制力（地球気候系を変化させるエネルギーの大きさ。単位 :W/m^2）を表す（IPCC, 2013b, 付録用語集より）。

表 1-2　1.5 ℃目標達成のために残された 2018 年以降のカーボンバジェット（SR1.5）

	AR5 と同様の手法で算定		2006〜2015 年の平均地上気温に基づく算定	
	カーボンバジェット	残余年数	カーボンバジェット	残余年数
50% を超える確率	580GtCO$_2$	13.8 年分	770GtCO$_2$	18.3 年分
66% を超える確率	420GtCO$_2$	10.0 年分	570GtCO$_2$	13.6 年分

注：現在の年間排出量が 42±3GtCO$_2$ と示されていることから，残余年数は 42GtCO$_2$ で除した値である。
出所：IPCC, 2018, p.14. より筆者作成

表 1-3　過去の CO$_2$ 排出量と残余カーボンバジェットの推定値（AR6）

1850〜1900 年から 2010〜2019 年にかけての地球温暖化（℃）	1850〜2019 年にかけての過去の累積 CO$_2$ 排出量（GtCO$_2$）				
1.07（0.8〜1.3；可能性が高い範囲）	2390（±240；可能性が高い範囲）				

1850〜1900 年を基準とした気温上限までのおおよその地球温暖化（℃）	2010〜2019 年を甚準とした気温上限までの追加的な地球温暖化（℃）	2020 年の初めからの残余カーボンバジェット推定値（GtCO$_2$）					非 CO$_2$ 排出削減量のばらつき
		気温上限までで温暖化を抑制できる可能性					
		17%	33%	50%	67%	83%	
1.5	0.43	900	650	500	400	300	付随する非 CO$_2$ 排出削減の程度により，左記の値は 220GtCO$_2$ 以上増減しうる
1.7	0.63	1450	1050	850	700	550	
2.0	0.93	2300	1700	1350	1150	900	

出所：IPCC, 2021, p.29

定されたものと捉えられる[5]。ただ，その後は再度気温が大きく上昇するようになっている（前掲図 1-1（b））。

　SR1.5 までのカーボンバジェットは，文章で記述されていたため分かりづ

5　地球環境戦略機関（2019, pp.123-124）では，IPCC における当該フレーズをめぐる協議で，執筆陣から「直接観測値を考慮したこと」という説明があったと記されている。

らい表現となっていたが，AR6 ではそれが表に整理され理解が容易になった（表1-3）。

　表1-3 の右下にあるとおり，±220GtCO$_2$ 以上とかなりの幅があることに留意しなければならないが，この表では「2020 年初頭からの残余カーボンバジェット推定値」が明確に示された。現在の排出量は約 40GtCO$_2$／年である[6] ため，50％ の確率で気温上昇を 1.5℃とするならば，残りは 500GtCO$_2$ であと約 12 年分，67％ とするならば 400GtCO$_2$ であと約 10 年分，83％ と高い確率での可能性を求めるならば 300GtCO$_2$ で約 7.5 年分のバジェットが残されていることになる。これは SR1.5 における「AR5 と同様の手法で算定」のバジェットと近い値である（表1-2）。

5

カーボンバジェットと政策のギャップ

5.1　京都議定書におけるクレジット

　カーボンバジェットは 2013～14 年公表の AR5 で初めて示されたため，それ以前の政策に考慮されていないことはやむを得ない。1997 年に締結された京都議定書は，付属書Ⅰ国[7] に対して第一約束期間（2008～12 年）を目標年次として，1990 年の GHG 排出量を基準に一定の削減率（日本は6％）の達成を求めたが，途上国等の非付属書Ⅰ国には目標値が設定されておらず，世界全体での排出量の管理については意図されていなかったと言える。

　また，いわゆる柔軟性措置，通称「京都メカニズム」の1つであるクリーン開発メカニズム（CDM）は，排出削減の目標値がない非付属書Ⅰ国（途上国）で排出削減プロジェクトを実施し，そこで生み出された排出削減量（クレジット）を付属書Ⅰ国（先進国）が購入するなどして入手すれば，その先進国の排出削減量としてカウントできる。排出量取引は「キャップ・アンド・トレード」と呼ばれることもあるが，CDM では削減目標値がない国

6　IPCC（2021, p.13.）より，Box.SPM.1 においてグラフから読み取れる値。
7　国連気候変動枠組条約で記載されている。先進国・EU と旧社会主義国が含まれる。付属書Ⅱ国は非附属書Ⅰ国に資金協力を行う義務のある国。先進国・EU のみである。

で生み出されたクレジットを取引する「キャップなきトレード」状態であった。何らかの形で世界全体のキャップが定められていれば，カーボンバジェットの議論ももう少し早く現れていたかもしれない。

5.2 パリ協定に見るカーボンバジェット

京都議定書の後継とも言える 2015 年に採択されたパリ協定では，第 2 条 1 に「(a) 世界全体の平均気温の上昇を工業化以前よりも摂氏 2 度高い水準を十分に下回るものに抑えること並びに世界全体の平均気温の上昇を工業化以前よりも摂氏 1.5 度高い水準までのものに制限するための努力を（中略）継続すること」と定められた。これはすでに温暖化の被害が発生している島嶼国等の訴えにより，1.5 ℃目標が盛り込まれたものである（明日香，2021，pp.35-36, p.50）。これに先立って公表された AR5 では 1.5 ℃の水準が特段強調されていた訳でもなく，カーボンバジェットも 2 ℃の上昇で示されていたことを踏まえれば，パリ協定で 1.5 ℃目標に言及したことは，より踏み込んだ内容と言えるかもしれない。

また，パリ協定第 4 条 4 には，「先進締約国は，経済全体における<u>排出の絶対量での削減目標に取り組む</u>ことによって，引き続き先頭に立つべきである」（下線は筆者）と記載された。「累積排出量」ではないことからカーボンバジェットが意識されたのかは分からないが，「排出の絶対量」という表現は，京都メカニズムのような排出量取引や森林吸収源はあくまで補完的な位置づけとして示していると捉えられる。

一方，各国の排出削減目標を「自国が決定する貢献（Nationally Determined Contributions：NDC）」（第 3 条）と表現し，すべての締約国が事前に自らの目標値を事務局に提出して，それをパリ協定の目標値とする格好となった。パリ協定が採択された国連気候変動枠組条約第 21 回締約国会議（COP21）の前に提出された各国の INDC（Intended NDC：約束草案）については，INDC がすべて実行に移された場合でも 2 ℃以内を最小コストで達成するシナリオより上回ること，また，INDC すべての効果を考慮しても，地球全体の累積排出量は 2025 年までに AR5 に基づく 2 ℃未満のカーボンバジェットの 54％に，同じく 2030 年までには 75％に達することを，条約

事務局が明らかにした（UNFCCC, 2015, p.12.）。

　INDC はそのまま NDC となったことから，パリ協定の排出削減目標がすべて達成された場合であっても，2℃の目標は依然として上回ってしまう状況となっていた。ゆえに，パリ協定の随所に記されている，さらなる取り組みを意味する「野心（ambition）」は，カーボンバジェットに準じた取り組みの強い必要性が表現されていると理解できる。

5.3　新目標値とカーボンバジェット

　2020 年に開催予定だった COP26 は，新型コロナウィルスの世界的感染拡大によって延期となり，2021 年 10 月 31 日からイギリス・グラスゴーで開催された。この会議における 1 つの焦点が，新たな NDC を各国が提出することにあった。これは，パリ協定第 4 条 9 の「国が決定する貢献を 5 年ごとに通報する」[8] に基づくものである。

　当初は 2020 年開催予定だったため，日本も 2020 年 3 月に NDC を提出したが，2015 年のものと全く変わらない「2013 年比で 2030 年に GHG26％削減」という目標値であった。その後同年 9 月に首相が菅義偉に代わり，翌月の所信表明演説で「2050 年カーボンニュートラル」が宣言された。そして 2021 年，バイデン政権発足後にパリ協定に復帰したアメリカが主催した気候サミット（2021 年 4 月，オンライン形式）では，菅首相が 2030 年の削減率を 46％に高めるとともに，さらに 50％に向けて挑戦することを表明した[9]。当然ながら前年に提出済みの NDC とは整合しなくなったため，日本政府は 2021 年 10 月 22 日に更新した NDC を地球温暖化対策推進本部で決定し，同日 UNFCCC 事務局に提出した[10]。

　COP26 に先立って開催されるプレミーティング（2021 年 9 月 30 日〜10 月 2 日）に合わせて，UNFCCC 事務局は各国から提出された NDC についての報告書（UNFCCC, 2021a）をとりまとめ，IPCC の SR1.5 で示されたシナリオと，各国の NDC との比較を行っている。日本の「−46％」の

8　ここで「国が決定する貢献」は NDC のこと。「通報する」の原文は "communicate"。
9　外務省ホームページ。
10　環境省ホームページ（b）。

NDC は当然この中には含まれておらず，元の－26％のままでカウントされているが，2030年まで各国の NDC どおりに対策を進めると，SR1.5 の「SSP2-4.5」シナリオに近い推移となった。SSP2-4.5 は，長期（2081～2100年）では 2.7℃の気温上昇が最良推定値である。つまり，1.5℃はおろか 2℃も大きく上回る温暖化を覚悟しなければならないということが明らかとなった。

その後 10 月中旬以降，インドのモディ首相が 2070 年にネット排出ゼロを表明したのをはじめ，複数の主要国が同様の表明をおこなったこと，および 100 以上の国がメタン排出の抑制に合意したことを受け，国際エネルギー機関（IEA）は独自の分析を更新した結果，すべての宣言どおりに目標達成できた場合，今世紀中の気温上昇は 1.8℃になるとの見通しを，ビロル事務局長名で公表した[11]。

それらを見比べていけば，IEA による 1.8℃の見通しは大きな進展と言える。しかし，その後 UNFCCC の NDC に関するレポートでは，依然として NDC は 2℃を上回る位置にあるとされており（UNFCCC, 2022），IEA の公表とはかなりギャップがある。同様の分析は，国連環境計画（UNEP）が毎年 "Emission Gap Report" で公表しており，直近の "Emission Gap Report 2022" では図 1-5 のとおり示されている。2030 年まで現在の NDC で辿り，そこから今世紀中葉以降に正味排出ゼロを目指すシナリオで 1.8℃の上昇となっており，IEA の見通しと近くなっている。

一方，各国が提出した NDC では依然としてカーボンバジェットが意識されておらず，目標年次までの排出削減の経路も不透明なままである。本来であれば，カーボンバジェットで NDC を設定すべきであろうが，AR6 に準拠すれば残余カーボンバジェットは少なすぎるので，これをベースにしては国際交渉が進展しないのかもしれない。しかし，カーボンバジェットから目を逸らす訳にもいかない。手遅れになる前にカーボンバジェットに目標値が転換されることを期待するしかない。

11　IEA ホームページ（b）。

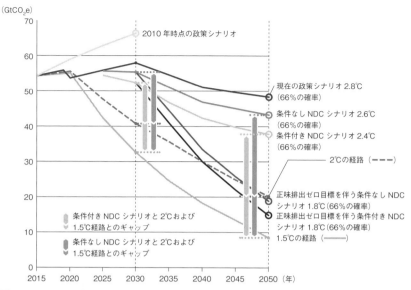

図 1-5　2050 年までの GHG 排出シナリオと今世紀中の気温上昇の見通し
出所：UNEP, 2022, p.35

6

カーボンバジェットと乖離する日本の政策：
日本の温室効果ガス排出の現状と政策

6.1　日本の温室効果ガス排出の現状

　温室効果ガスの排出量は，IPCC（2006）によって算定法が定められており，日本もこれに準拠して毎年度の排出量が「日本国温室効果ガスインベントリ」（以下，GHG インベントリ）として作成されている[12]。ここでは，二

12　環境省ホームページ（c）。GHG インベントリとは，一国が 1 年間に排出・吸収する温室効果ガスの量を取りまとめ，特定の物質がどの排出源・吸収源からどの程度排出・吸収されたかを示す一覧データのこと。世界全体や各国における温室効果ガス排出量を把握するために作成され，国連気候変動枠組条約に基づき，附属書 I 締約国は，毎年自国の GHG インベントリを作成し条約事務局へ提出することが義務付けられている。各ガスの排出量に加え，ガス毎に定められる温室効果の程度を示す地球温暖化係数（Global Warming Potential：GWP，CO_2 の温室効果の強さを 1 とした場合の

表 1-4 日本の温室効果ガス排出量

温室効果ガス	2020 年度排出量 （百万 tCO$_2$ 換算）	割合（%）
二酸化炭素（CO$_2$）	1044.2	90.8
エネルギー起源	967.4	84.1
非エネルギー起源	76.8	6.7
メタン（CH$_4$）	28.4	2.5
一酸化二窒素（N$_2$O）	20.0	1.7
代替フロン等 4 ガス	57.5	5.0
ハイドロフルオロカーボン類（HFCs）	51.7	4.5
パーフルオロカーボン類（PFCs）	3.5	0.3
六ふっ化硫黄（SF$_6$）	2.0	0.2
三ふっ化窒素（NF$_3$）	0.3	0.0
計	1146.8	100.0

注：CO$_2$ 以外の各ガス排出量は，CO$_2$ 換算した際の温室効果（GWP：温暖化係数）を踏まえた値。
出所：GHG インベントリより筆者作成

酸化炭素（CO$_2$），メタン（CH$_4$），一酸化二窒素（N$_2$O），代替フロン等 4 ガスの計 7 種のガスが算定対象となっており，これに CO$_2$ 吸収量として「土地利用，土地利用変化及び林業（Land Use, Land-Use Change and Forestry：LULUCF）」が加わっている。

　表 1-4 のとおり，日本では CO$_2$ が温室効果ガス排出の 9 割を占めている。CO$_2$ は，エネルギー起源 CO$_2$，非エネルギー起源 CO$_2$[13]，間接 CO$_2$[14] に分けられるが，大半はエネルギー起源 CO$_2$ なので，エネルギーと気候変動が不可分なことが読み取れる。

　国内の CO$_2$ 排出量を部門別に見ると，図 1-6 のとおりとなる。エネルギー

　　数値）を用いて CO$_2$ 等量（CO$_2$e）に換算した温室効果ガス総排出量の算定も求められる。
13　工業プロセス等からの排出。
14　長期的に大気中で CO$_2$ に変換される一酸化炭素（CO），メタン（CH$_4$）および非メタン揮発性有機化合物（NMVOC）（温室効果ガスインベントリオフィス編，2021, p.2-1）。

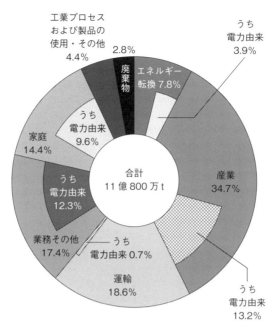

図1-6　我が国の部門別のCO₂排出量（2019年度）

出所：閣議決定，2021a，p.18

起源 CO_2[15] では，各分野の排出量の相当割合が電力からの排出となっており，発電での脱炭素が大きな課題であることが分かる。一方，本書で対象とする物流（貨物輸送）は「運輸」に含まれるが，他部門とは異なり電力由来の排出がごくわずかである。輸送手段のうち電力を主たる動力源としているのは鉄道のみであり，自動車，飛行機，船舶の大半とディーゼルの鉄道車両は液体燃料を使用する内燃機関（エンジン）によって動力を得ている。

6.2　日本国内の気候変動政策

　地球温暖化問題とエネルギーは不可分であることから，ここでは日本政府の「地球温暖化対策計画」と「エネルギー基本計画」を取り上げ，気温上昇を2℃または1.5℃以内に止めるに十分な政策であるか否か，カーボンバ

15　非エネルギー起源 CO_2 排出は「工業プロセス及び製品の使用・その他」と「廃棄物」。

ジェットの観点から検討していく。本書の主題である物流については，第2章において改めて詳述する。

(1)　地球温暖化対策計画（2021年10月22日閣議決定）

　1990年代より地球温暖化が世界的な問題として認識されるようになり，1992年に開催された国連環境開発会議（地球サミット）で国連気候変動枠組条約が採択され，1994年に発効した。以後，同条約の締約国会議が毎年開催されるようになり，1997年に京都で開かれた第3回締約国会議（COP3）において，先進国に対する温室効果ガス排出削減の数値目標を定めた京都議定書が採択された。

　京都議定書の第25条では，国連気候変動枠組条約の55以上の締約国と，付属書I国（先進国）の1990年におけるCO_2総排出量の55%以上を占める国の批准が発効の条件となっていた。2001年に発足したアメリカのブッシュ（子）政権が批准しない方針であったことから，発効の可否はロシアに懸かっていたが，ロシアは2004年11月に批准し，翌2005年2月に同条約は発効した。

　日本政府はこれを受けて，2005年に「京都議定書目標達成計画」を策定した。この計画では，京都議定書第一約束期間（2008〜2012年）の国全体の温室効果ガス排出削減目標と個々の対策の削減量が示され，どのような施策でどれだけの温室効果ガスの削減を目論むのかが明示された。

　その後，パリ協定の採択を受けて，2016年5月には同計画を更新する形で「地球温暖化対策計画」を閣議決定して策定し，2021年には同年に提出した新たなNDCと整合するよう同計画を改定した。これが現在の「地球温暖化対策計画」（2021年10月22日閣議決定）であり，現時点においてもっとも詳細かつ具体的な気候変動対策を示している。

　2021年に日本政府が提出したNDCは，2030年度において2013年度比でGHG−46%である。地球温暖化対策計画ではこれに準じて温室効果ガス別の目標を表1-5のとおり示している。

　この表の最上段にある「温室効果ガス排出量・吸収量」の「2030年度の目標・目安」は760百万tCO_2で，2013年度実績（1408百万tCO_2）から

表 1-5　温室効果ガス別その他の区分ごとの目標・目安

（単位：百万 tCO₂）

	2013 年度 実績	2019 年度 実績 （2013 年度比）	2030 年度の 目標・目安ᵃ （2013 年度比）
温室効果ガス排出量・吸収量	1,408	1,166ᵇ（▲ 17%）	760（▲ 46%ᶜ）
エネルギー起源二酸化炭素	1,235	1,029（▲ 17%）	677（▲ 45%）
産業部門	463	384（▲ 17%）	289（▲ 38%）
業務その他部門	238	193（▲ 19%）	116（▲ 51%）
家庭部門	208	159（▲ 23%）	70（▲ 66%）
運輸部門	224	206（▲ 8%）	146（▲ 35%）
エネルギー転換部門ᵈ	106	89.3（▲ 16%）	56（▲ 47%）
非エネルギー起源二酸化炭素	82.3	79.2（▲ 4%）	70.0（▲ 15%）
メタン（CH₄）	30.0	28.4（▲ 5%）	26.7（▲ 11%）
一酸化二窒素（N₂O）	21.4	19.8（▲ 8%）	17.8（▲ 17%）
代替フロン等 4 ガスᵉ	39.1	55.4（＋42%）	21.8（▲ 44%）
ハイドロフルオロカーボン（HFCs）	32.1	49.7（＋55%）	14.5（▲ 55%）
パーフルオロカーボン（PFCs）	3.3	3.4（＋4%）	4.2（＋26%）
六ふっ化硫黄（SF₆）	2.1	2.0（▲ 4%）	2.7（＋27%）
三ふっ化窒素（NF₃）	1.6	0.26（▲ 84%）	0.5（▲ 70%）
温室効果ガス吸収源	－	▲ 45.9	▲ 47.7
二国間クレジット制度（JCM）	官民連携で 2030 年度までの累計で，1 億 tCO₂程度の国際的な排出削減・吸収量を目指す。我が国として獲得したクレジットを我が国のNDC 達成のために適切にカウントする。		

注 a：エネルギー起源二酸化炭素の各部門は目安の値。
　b：温室効果ガス総排出量から温室効果ガス吸収源による吸収量を差し引いたもの。
　c：さらに，50%の高みに向け，挑戦を続けていく。
　d：電気熱配分統計誤差を除く。そのため，各部門の実績の合計とエネルギー起源二酸化炭素の排出量は一致しない。
　e：HFCs，PFCs，SF6，NF3 の 4 種類の温室効果ガスについては暦年値。
出所：閣議決定，2021a，p.19

46%少ない値となっている。ただし，2013年度実績にはなぜか「温室効果ガス吸収源」の値が記されていない。公式データである「温室効果ガス（GHG）インベントリ（2013年度確報値）」では，温室効果ガス吸収源に相当する「京都議定書に基づく吸収源活動の排出・吸収量」は－60.6百万tCO_2である。つまり符号がマイナスなので吸収量として計上されている。2013年度実績の計からこの値を差し引くと1347百万tCO_2になり，2030年度の目標・目安が変わらないならば2013年度比で－44%となる。

　ともあれ，2030年度のGHG排出量に「温室効果ガス吸収源」として示されている－47.7百万tCO_2を合算すると766百万tCO_2となり，「2030年度の目標・目安」の760百万tCO_2には若干6百万tCO_2だが届かない。「二国間クレジット制度（JCM）」によってこれを賄うことになる。

　JCMは，日本が途上国への技術支援による排出削減プロジェクトを実施し，そこでの削減量を日本に移転しNDC達成に用いる制度で，京都議定書に基づく柔軟性措置の1つである「クリーン開発メカニズム（CDM）」と同様の排出削減プロジェクトとクレジット創出・移転を，2国間の合意に基づいて実施する制度である。これが日本政府の目論見どおり運用できるならば，表1-5の「二国間クレジット制度（JCM）」はマイナス100百万tCO_2が計上でき，不足している6百万tCO_2を補って十分に余りある。

　COP26では，排出量の国際移転に関するルールが決定文書として採択された。JCMはパリ協定第6条第2項に該当する制度なので，"Guidance on cooperative approaches referred to in Article 6, paragraph 2, of the Paris Agreement"に準拠した対応が今後必要となる[16]。JCMによるクレジットの獲得・移転が確定していない状況下で作成された目標値に，その多くを充当していないことは妥当であろう。

　いずれにせよ，2030年度の温室効果ガス排出量全体のうちエネルギー起源CO_2が89%を占める目標となっており，この割合は2013年度実績（88%＝前記吸収量分を控除した割合）からほとんど変わらない。家庭部門の削減割合がやや高いものの，各分野ほぼ万遍なく排出削減を目論んでいる。物流

16　詳細は同文書（UNFCCC, 2021b）および遠見ら（2021）を参照。

関連施策の具体策の検証は，第5章において行っていく。

　ところで，2030年度に2013年度比で46%削減という目標値は，どのように定められたのであろうか。2013年度の実績排出量と2030年度の目標値を直線で結び，そのまま延長していくと2050年度にゼロに到達する（図1-7）。地球温暖化対策計画自体には明記されていないものの，おそらくは菅首相の「2050年カーボンニュートラル宣言」に平仄を合わせたものであろう。

　これをカーボンバジェットの視点から考えてみたい。2013年から2050年までの37年間で，計画および宣言どおり排出ゼロ（カーボンニュートラル）まで線形で排出量を削減していくと，そこで消費するカーボンバジェットは，図1-7の破線・点線の下の部分の面積であるので，18.5年分となる。次に，吸収量を含む2020年度までの排出量実績値（灰色太線）を記すと，この破線を若干下回り順調に削減できていることが分かる。地球温暖化対策計画どおりだと，2020年以降の30年間であと15年分のカーボンバジェットを消費する算段となる。この「2020年以降で15年分」は，AR6で示されたカーボンバジェット（表1-3）では600GtCO$_2$（世界全体）の量に対応

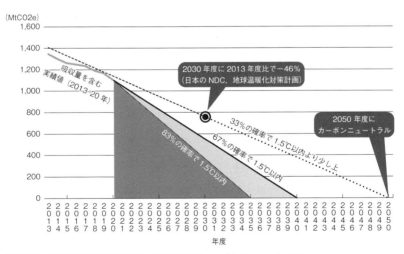

図1-7　2030年度目標値と2050年カーボンニュートラル

出所：GHGインベントリ各年版より筆者作成

するため，33％という低い確率では気温上昇1.5℃以内に止められるが，50％と67％の場合は1.5℃を上回る。83％では1.7℃も超え，1.5℃の2倍の排出量に相当することとなる。表1-3での最も厳しい推定に基づいて1.5℃を達成するならば，2035年度に排出ゼロに到達しなければならない（細線下）。

　もとより，このカーボンバジェットは過去の累積排出量を考慮していない。日本を含めた先進国が過去に多量にCO_2を排出してきたことを帳消しにして，今後のカーボンバジェットを現在の排出量比（日本は一人当りの排出量で世界平均の1.9倍[17]）を変えないという前提に立つ。過去の累積排出量を考慮に入れた場合，日本は2005年までの過去155年で世界の5.1％を排出しており[18]，これは人口比（2018年で1.7％）の3倍に達する。AR6のカーボンバジェット（表1-3）に基づけば，今後のカーボンバジェットはどの確率でも過去の累積排出量（2390GtCO_2）を超えない。よって仮にカーボンバジェットを過去の排出量を含めて配分するならば，日本はすでに人口比で配分されるカーボンバジェットを大きく上回る量を消費していることとなる。それをなかったことにして，かつ世界平均の2倍近いカーボンバジェットを今後も排出しようというのが，図1-7などここまで取り上げてきた試算である。日本などの先進国が今後も排出を続ける分だけ，これまであまり排出してこなかった途上国のカーボンバジェットが少なくなる。途上国へ気候変動対策の資金・技術等の援助を積極的にすべき理由がここにある。

（2）エネルギー基本計画（2021年10月策定，第6次）

　2002年に制定されたエネルギー政策基本法は，第12条に「政府は，エネルギーの需給に関する施策の長期的，総合的かつ計画的な推進を図るため，エネルギーの需給に関する基本的な計画を定めなければならない」とあり，これに基づいてエネルギー基本計画が策定される。最新のものは2021年10

17　日本エネルギー経済研究所計量分析ユニット編（2021）より算出。2018年の日本の人口は127百万人，CO_2排出量は1081百万トン。世界の人口は7581百万人，CO_2排出量は335億1300万トン。

18　JICAホームページ。

月に策定された第6次の計画である。

　温室効果ガスの大半がエネルギー起源の CO_2 であり，気候変動とエネルギーは密接で不可分であるため，この計画の「はじめに」においても，「第6次のエネルギー基本計画は，気候変動への対応と日本のエネルギー需給構造の抱える課題の克服という二つの大きな視点を踏まえて策定する」（p.4）とある。また，「2030年に向けて今後取り組むエネルギー分野における様々な施策や技術開発は，全て2050年カーボンニュートラルに連なるものとなる」（p.6）と記されている。よって，政府のスタンスも気候変動対策とエネルギー政策は不可分であると理解できる。

　しかし，計画内で「2050年カーボンニュートラル」が繰り返されている一方，カーボンバジェットに関しての記述はなく，同日に閣議決定された地球温暖化対策計画にも言及されていない。第5章に「2050年を見据えた2030年に向けた政策対応」があるが，定性的に政策の方向性が記されているのみである。

　エネルギー基本計画の関連資料として，資源エネルギー庁より「2030年度におけるエネルギー需給の見通し」が公表されている。具体的な数値はほぼすべてこちらにあり，「新たな2030年度におけるエネルギー需給の見通しは，（中略）需給両面における様々な課題の克服を野心的に想定した場合に，どのようなエネルギー需給の見通しとなるかを示すもの」（p.2）という位置づけで示されている（図1-8）。よって，「2050年カーボンニュートラル」を目指す上での2030年度の目標値として捉えてよいだろう。

　この図において，エネルギー需要は2013年から2030年で－18％の見通しであり，これは第4次の計画に基づく2015年の「長期エネルギー需給見通し」（図中では「H27策定時」）から「省エネの野心的な深掘り」で280百万 $k\ell$（原油換算）に抑制するという，「目標」としての位置づけになっている。

　これに対応して一次エネルギー供給も2015年策定のものから15％ほど減少させ，2030年度は430百万 $k\ell$ となっている。内訳では石油等，石炭，天然ガスで68％程度を構成していることから，この2030年度時点で脱炭素社会への道筋が明確になっているか微妙だが，この見通しに基づいたエネル

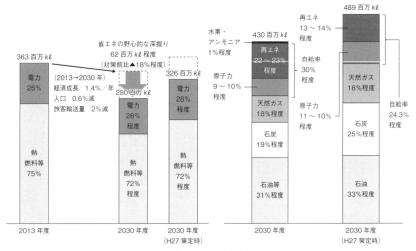

※再生可能エネルギー（再エネ）には，未活用エネルギーが含まれる

※自給率は総合エネルギー統計ベースでは31%程度，IEAベースでは30%程度となる

※H27以降，総合エネルギー統計は改訂されており，2030年度推計の出発点としての2013年度実績値が異なるため，単純比較は出来ない点に留意

図1-8　エネルギー需要と一次エネルギー供給の見通し

注：「エネルギー需要」と「一次エネルギー供給」の差は，発電をはじめとするエネルギー転換部門の消費等があるため。

出所：資源エネルギー庁，2021, p.68

エネルギー起源 CO₂ 排出量		
	2013 年度	2030 年度
CO₂ 排出量 （百万 tCO₂）	1,235	677
削減率　2005 年比	+1%	▲44%
2013 年比	–	▲45%

（百万 tCO₂）

1,235
1,029
927
677 程度

2013 2014 2015 2016 2017 2018 2019　2030（H27策定時）（年度）

図1-9　2030 年度におけるエネルギー起源 CO₂ 排出量の見通し

出所：資源エネルギー庁，2021, p.75

ギー起源 CO_2 排出量は図 1-9 のとおり「677 百万 tCO_2 程度」で，地球温暖化対策計画および NDC と整合性が保たれている。ただし，エネルギー需給が 2030 年度までにどのような経路で減少していくのかが分からず，エネルギー起源 CO_2 排出量がカーボンバジェットをどう取り崩していくのかも不明である。

7
小括

本章ではまず，IPCC の報告書に基づいて地球温暖化の現状を整理し，累積 CO_2 排出量を気温上昇に密接な関係のある人間活動の指標として捉えるべきこと，また，そこから導かれる今後排出可能な CO_2 の量が「カーボンバジェット」という概念で表現され，これを基に今後の CO_2 排出量を管理していくべきことをまとめた。

次に，国際的な排出削減目標が定められた京都議定書やパリ協定，および COP26 における新たな目標値において，カーボンバジェットとの関係が徐々に強くなりつつあるものの，気温上昇を 1.5 ℃に抑制するにはまだ不十分であることをレビューした。

最後に，日本国内の温室効果ガス排出量のこれまでの推移と現状を踏まえつつ，温暖化対策として中心的位置づけにある地球温暖化対策計画とエネルギー基本計画を取り上げた。とくに「2050 年カーボンニュートラル」が首相によって宣言されて以降，排出削減目標が大きく前進したものの，過去の日本の排出責任を無視し，かつ人口当り排出量が世界平均の 2 倍近くある現在の国別排出割合を維持するというもので，世界のカーボンバジェットと照らし合わせても，1.5 ℃以内を達成するには足りていないことを示した。

このほか，「地域脱炭素ロードマップ」（2021 年），「2050 年カーボンニュートラルに伴うグリーン成長戦略」（2020 年），「パリ協定に基づく成長戦略としての長期戦略」（2021 年）など，多くの政策文書が公表されており，これらが地球温暖化を抑止するに十分なものであるか，実効性があるか否かについて検討することは意義あるものだが，それらを行っていくと本書

の主題である物流分野の検討に辿り着かない可能性が高くなるため，割愛さ
せていただく。

第 2 章

物流の温暖化対策と政策
—CO$_2$ 排出量の算定・枠組みをどう捉えるか

　本章では，まず物流分野における CO$_2$ 排出の現状を捉えた上で，これが温室効果ガス排出およびエネルギー消費の構造の中でどのような位置づけにあり，今後の対策と政策をどのように考えるべきかについて検討していく。

1
運輸部門と貨物輸送の CO$_2$ 排出の現状

　物流（貨物輸送）は，温室効果ガスの排出区分としては旅客輸送とともに運輸部門に含まれる。ここではまず運輸部門の全体を捉え，その中で貨物輸送がどのような状況にあるかについて取り上げていく。

1.1　世界の排出状況

　世界の CO$_2$ 排出状況を部門別に見ると，図 2-1 のとおりである。この図は最終消費セクターにおける電気・熱使用分の配分前なので，直接排出の割合である。運輸部門は発電部門（石炭，天然ガス，石油計で 40％）に次いで，産業部門と並ぶ 23％を占めている。

　運輸部門の内訳は，図 2-2 のとおりである。2020 年においては，道路輸送が全体の 78％を占めている。この図では旅客輸送と貨物輸送に分かれていないが，大型トラック（25％）と船舶（11％）の大半は貨物輸送である。また，小型車（46％），鉄道（1％），航空（9％）にも貨物輸送が一定の割

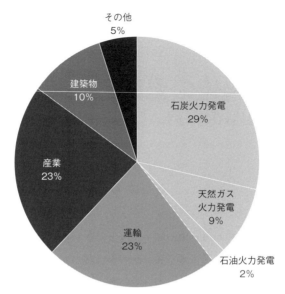

図 2-1　世界のエネルギー起源 CO_2 排出の部門別構成比（2018 年）

出所：IEA, 2020, p.35

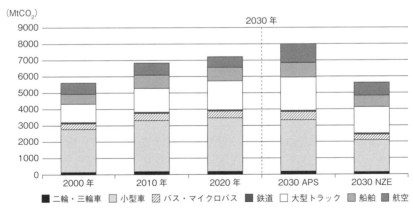

図 2-2　世界の運輸部門 CO_2 排出量の内訳

注：APS は「Announced Pledges Scenario」，NZE は「Net Zero Emission by 2050」のシナリオ。

出所：McBain and Teter, 2021

合で含まれる。

　ちなみに，世界銀行のホームページでは，燃料からの CO_2 排出における
運輸部門の構成比を国別に掲載している[1]。これを見ると，5％以下から
90％を超える国まで多様であり，各国の経済や流通・貿易構造や国土構造
が大きく作用していると推測できる。

1.2　日本の排出状況

　日本の温室効果ガス排出量の公式統計である GHG インベントリによれ
ば，2020 年度の日本国内における温室効果ガス総排出量[2]（1150 百万
tCO_2e）の 15.4％，CO_2 排出量（1044 百万 tCO_2）の 17.0％，エネルギー起

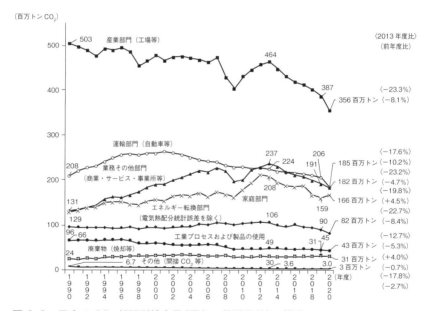

図 2-3　日本の CO_2 部門別排出量（電気・熱配分後）の推移

出所：GHG インベントリ（2020 年度）より一部修正のうえ筆者作成

1　世界銀行ホームページ。
2　「CO_2e」は「CO_2 等量」の意味。CO_2 以外の温室効果ガスは，温室効果の強さで CO_2
　に換算した値。

源 CO_2 排出量（967 百万 tCO_2）の 18.3％（177,426$ktCO_2$）が運輸部門からの排出である（電気・熱配分前）。他の部門では電力の消費が多く，「電気・熱配分前」（直接排出量のみ）と「電気・熱配分後」（間接排出量を含む）で値が大きく変わるものが多いが，運輸部門は CO_2 排出量比で見るとそれぞれ 17.0％と 17.7％でほとんど変わりがない（図 2-4）。これは，電力をエネ

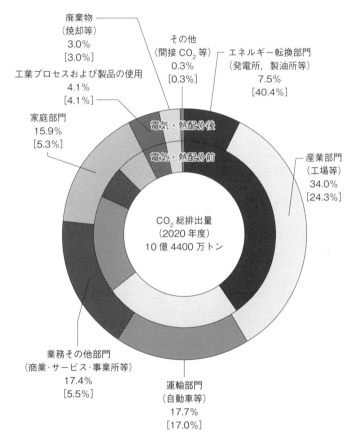

図 2-4 日本の CO_2 総排出量の部門別構成比（2020 年度）

注：[ ] は電気・熱配分前の値
出所：GHG インベントリより筆者作成

ルギー源とする輸送手段が鉄道のみで，他の輸送手段は大半が液体燃料を使用し直接排出しているためである。GHG インベントリでは，運輸部門の詳細は「電気・熱配分後」のみで示されているため，以下それに基づいていく。

表 2-1 は，GHG インベントリのデータより，CO_2 排出量を 5 年度ごとに年間平均したものである。運輸部門全体では 2000 年代前半までに増加したが，貨物輸送は 1990 年代後半がピークでその後は減少している。

運輸部門の CO_2 排出量の内訳（図 2-5）を見ると，45.7％を自家用乗用車（家計と企業）が占めており，これにバス，タクシー等を加えた道路旅客輸送でほぼ 1/2 を占める。このほかの旅客輸送（鉄道，船舶，航空機）を加えると運輸部門の 6 割となり，貨物輸送が残りの 4 割を占める。

貨物輸送では，トラックが 39.3％で，営業用トラック（21.9％）が自家用トラック（17.4％）よりもやや多い。残りは船舶，航空，鉄道の順となっている。本書で対象とする貨物輸送だけを見れば，その 9 割はトラックからの排出なので，必然的にトラックの排出削減が重要となる。

貨物輸送の推移を見ると，図 2-6 のとおりとなる。2000 年代以降は減少傾向にあり，「2008～12 年度で 1990 年度比 −6％」という京都議定書の目標達成については優等生だったと言えよう。排出が減少した要因については，第 5 章で分析を行う。

一方，新たな NDC は 2013 年度比で 2030 年に −46％，排出量は 760 百万 tCO_2 であり，それを目指す「地球温暖化対策計画（2021 年）」において運輸部門は −35％，排出量は 146 百万 tCO_2（排出量構成比 19.2％）が目標値となっている。旅客／貨物別の目標値は載っていないが，運輸部門の 40％が貨物輸送だとすれば 2030 年度は 58.4 百万 tCO_2 が目標となる。この数字は現状の削減ペースでは達成できないため，脱炭素化への転換を加速させる必要がある。

次に，運輸部門全体についてどのようなエネルギー源が使用されているのか，総合エネルギー統計より運輸部門を抽出したものが表 2-2 である。各エネルギーによって計量単位が異なるため，熱量（TJ）ベースで統一している。

表 2-1　日本の CO_2 排出量と運輸部門の内訳（5 ヶ年平均と 2020 年度）

年度	1990-94	1995-99	2000-04
エネルギー起源	1,088,620	1,141,085	1,181,478
運輸	225,304	255,363	257,400
旅客	118,523	144,347	153,299
自動車（旅客）	99,480	122,794	132,178
乗用車	93,292	117,113	126,822
自家用車	88,072	112,006	121,904
家計利用分	56,907	71,116	78,161
企業利用寄与他	31,165	40,891	43,743
営業用／タクシー	5,220	5,107	4,918
バス	4,969	4,811	4,530
自家用	1,064	910	822
営業用	3,905	3,901	3,709
二輪車	1,219	870	826
鉄道	7,161	6,808	6,693
国内船舶	5,003	5,873	5,164
国内航空	6,879	8,872	9,264
貨物	106,782	111,016	104,102
貨物自動車／トラック	96,245	99,961	93,426
営業用	40,883	47,073	47,602
自家用	55,361	52,888	45,824
貨物輸送寄与	39,728	38,013	32,800
乗員輸送寄与	15,633	14,875	13,024
鉄道	583	503	463
国内船舶	8,621	8,954	8,664
国内航空	1,333	1,598	1,549
非エネルギー起源	98,014	100,367	95,179
合計	1,186,634	1,241,452	1,276,657

出所：GHG インベントリより筆者作成

(ktCO_2)

2005-09	2010-14	2015-19	2020
1,165,556	1,194,669	1,095,241	967,403
236,998	224,813	212,443	184,773
139,631	134,836	125,933	104,285
119,333	114,493	105,393	89,345
113,825	109,149	100,400	85,659
109,465	105,632	97,742	84,395
73,289	66,433	61,243	52,652
36,176	39,198	36,499	31,743
4,360	3,517	2,658	1,264
4,611	4,497	4,188	2,939
808	742	684	471
3,803	3,755	3,504	2,469
898	848	806	747
7,097	8,672	8,191	7,458
4,210	3,517	3,354	3,268
8,990	8,153	8,995	4,214
97,368	89,977	86,510	80,488
87,983	81,043	77,756	72,491
47,663	43,785	42,340	40,394
40,320	37,258	35,416	32,098
28,538	26,075	24,859	22,812
11,783	11,184	10,557	9,286
456	499	426	378
7,336	6,980	6,986	6,595
1,592	1,455	1,341	1,024
88,886	80,917	79,956	76,784
1,254,442	1,275,587	1,175,197	1,044,187

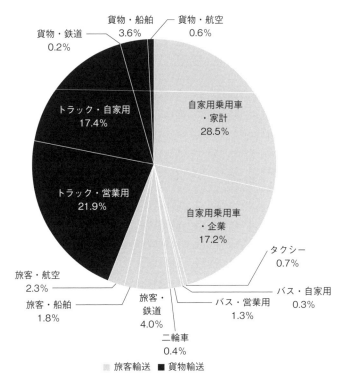

図 2-5　運輸部門の CO_2 排出量の内訳（2015～19 年度平均）

出所：GHG インベントリより筆者作成

　この表より，運輸部門のエネルギー消費量は旅客輸送が 57.5％（電力寄与損失配分後[3]。以下同），貨物輸送が 42.5％となっており，自動車が全体の 84.8％（乗用車 46.6％，バス 1.5％，二輪車 0.4％，貨物自動車／トラック 38.2％）を占めている。エネルギー源別では石油製品が 94.9％となっており，そのうちガソリン（52.4％）と軽油（33.1％）で大半を占めている。自

---

[3] 「電力，熱の供給に伴うエネルギー転換損失から，電力，熱の平均的な単位消費量当たりのエネルギー損失を求め，これを各部門での電力，熱の投入量，消費量に乗じることにより，電力，熱の投入量，消費量に応じて発生するエネルギー転換損失を，各部門の電力，熱の投入量，消費量の寄与度に応じて仮想的に再配分した量を表現する項目をいう」（資源エネルギー庁，2020, p.150）。

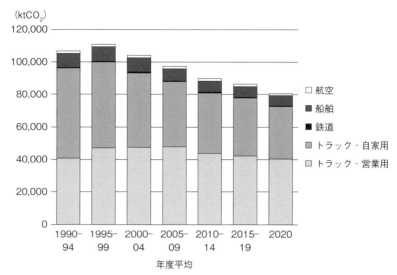

図 2-6　貨物輸送からの CO₂ 排出量の推移（5 ヶ年度平均／2020 年度）

出所：GHG インベントリより筆者作成

動車によるエネルギー消費が非常に多いが，旅客／貨物の別で見ると，旅客
輸送ではガソリンが 75.5％であるのに対し，貨物輸送では軽油が 68.4％と
主力燃料の違いが表れている。このことからも，旅客と貨物を同一に扱い得
ないことが分かる。

表 2-2　運輸部門のエネルギー消費量（2020 年度）

		石炭	石油製品	ガソリン	ジェット燃料油	軽油	重油	A重油
運輸		116	2,628,703	1,451,844	76,782	917,550	129,727	40,304
	割合	0.0%	94.9%	52.4%	2.8%	33.1%	4.7%	1.5%
旅客		16	1,457,689	1,201,904	61,773	112,139	39,164	6,809
	割合	0.0%	91.6%	75.5%	3.9%	7.0%	2.5%	0.4%
乗用車		0	1,291,155	1,189,988	0	58,627	0	0
自家用		0	1,270,596	1,186,067	0	58,470	0	0
家計利用寄与		0	792,700	739,964	0	36,479	0	0
企業利用寄与他		0	477,896	446,103	0	21,992	0	0
営業用／タクシー		0	20,559	3,920	0	156	0	0
バス		0	42,634	834	0	41,801	0	0
自家用		0	6,844	834	0	6,011	0	0
営業用		0	35,790	0	0	35,790	0	0
二輪車		0	11,020	11,020	0	0	0	0
鉄道		16	6,182	0	0	6,014	0	0
船舶		0	44,862	0	0	5,698	39,164	6,809
航空		0	61,836	63	61,773	0	0	0
貨物		0	1,171,014	249,940	15,009	805,411	90,563	33,495
	割合	0.0%	99.4%	21.2%	1.3%	68.4%	7.7%	2.8%
貨物自動車／トラック		0	1,058,000	249,924	0	804,361	0	0
営業用		0	588,307	18,781	0	565,811	0	0
自家用		0	469,693	231,143	0	238,550	0	0
貨物輸送寄与		0	332,975	113,544	0	219,431	0	0
乗員輸送寄与		0	136,718	117,600	0	19,119	0	0
鉄道		0	1,068	0	0	1,050	0	0
船舶		0	96,922	0	0	0	90,563	33,495
航空		0	15,024	15	15,009	0	0	0

注：「潤滑油」は「非エネルギー利用」として計上される。
出所：「総合エネルギー統計」（資源エネルギー庁）より筆者作成

(TJ)

C重油	潤滑油	LPG	都市ガス	電力	合計	割合	電力寄与損失配分	電力寄与損失配分後合計	割合
89,423	34,982	17,819	1,182	62,270	2,692,171	100.0%	76,953	2,769,124	100.0%
3.2%	1.3%	0.6%	0.0%	2.2%	97.2%		2.8%		100.0%
32,355	26,226	16,482	52	59,682	1,517,439	56.4%	73,755	1,591,194	57.5%
2.0%	1.6%	1.0%	0.0%	3.8%	95.4%		4.6%		100.0%
0	26,058	16,482	1	0	1,291,156	48.0%	0	1,291,156	46.6%
0	26,058	0	1	0	1,270,597	47.2%	0	1,270,597	45.9%
0	16,257	0	×	0	792,700	29.4%	0	792,700	28.6%
0	9,801	0	1	0	477,897	17.8%	0	477,897	17.3%
0	0	16,482	0	0	20,559	0.8%	0	20,559	0.7%
0	0	0	51	0	42,686	1.6%	0	42,686	1.5%
0	0	0	0	0	6,844	0.3%	0	6,844	0.2%
0	0	0	51	0	35,842	1.3%	0	35,842	1.3%
0	0	0	0	0	11,020	0.4%	0	11,020	0.4%
0	168	0	0	59,682	65,880	2.4%	73,755	139,635	5.0%
32,355	0	0	0	0	44,862	1.7%	0	44,862	1.6%
0	0	0	0	0	61,836	2.3%	0	61,836	2.2%
57,068	8,756	1,337	1,129	2,588	1,174,732	43.6%	3,198	1,177,930	42.5%
4.8%	0.7%	0.1%	0.1%	0.2%	99.7%		0.3%		100.0%
0	2,379	1,337	1,129	0	1,059,130	39.3%	0	1,059,130	38.2%
0	2,379	1,337	1,129	0	589,436	21.9%	0	589,436	21.3%
0	0	0	0	0	469,693	17.4%	0	469,693	17.0%
0	0	0	0	0	332,975	12.4%	0	332,975	12.0%
0	0	0	0	0	136,718	5.1%	0	136,718	4.9%
0	18	0	0	2,588	3,656	0.1%	3,198	6,854	0.2%
57,068	6,360	0	0	0	96,922	3.6%	0	96,922	3.5%
0	0	0	0	0	15,024	0.6%	0	15,024	0.5%

2

燃料からの排出だけではない：
貨物輸送における CO_2 排出量の捉え方

　これまでに示したとおり，貨物輸送からの CO_2 排出量は運輸部門に計上され，旅客輸送とともに輸送時に消費するエネルギー量に応じて算定されている。これは，国全体の排出量や排出構造を捉える上では妥当な算定法であり，各部門・分野の直接排出量やエネルギー産業の電気・熱配分後の排出量を，ダブルカウントなく示すことができる。

　しかし，排出削減対策を見ると他の部門・分野にまたがるものも多い。例えば，ガソリン・軽油等の化石燃料からバイオ燃料に転換する場合，カーボンニュートラルと見なされ車両からの排出はゼロになるが，バイオ燃料を製造する際のエネルギー消費は産業部門に計上される。製造した燃料を輸送する際にもエネルギーが消費される一方，従来のガソリン・軽油の製造・輸送量は減少する。また，パーム油から製造するバイオ燃料は，パームヤシのプランテーションの開発に伴うメタンの排出なども指摘されており，プランテーションでの労働問題とも相まって，有効な対策とは見なされなくなってきた（第4章3.2「バイオ燃料」参照）。電気自動車への転換については，自動車産業での技術・製品開発などが欠かせないが，自動車メーカーのトップからも「電気自動車で石炭からつくった電気を使っても意味がない」，「車の製造時のことも含めて考えるべき」（コラム3参照）といった発言がある。これらが自動車メーカーがEVに後ろ向きになる口実にはならないだろうが，発電時や車両製造時の CO_2 排出量を考慮しなければ，車からの直接排出さえ減らせばよいという近視眼的思考に陥りかねない。

　排出削減の取り組みや技術は，CO_2 排出量の対象，範囲，算定法を明らかにして比較する必要がある一方，すべてを詳らかに調査することは多大な時間と労力を要し，それが適切に算定されているかを確認するのも多分野にわたる知見が必要になる。

　ここでは，物流における CO_2 排出量について，GHG インベントリなどの統計にカウントされる貨物輸送時のエネルギー消費に伴う CO_2 排出だけで

なく，関連する他部門の排出量も評価する枠組みを取り上げていく。これらを理解することにより，各対策が真に排出削減を達成するものであるか評価可能な視点を持てる。なお，ここで取り上げる内容の多くは旅客輸送にも共通するため，分かりやすさを優先して乗用車等を例に示すことも承知されたい。

2.1　輸送用エネルギーの Well to Wheel 評価

"Well-to-Wheel" は，一般にはあまり聞きなれない言葉だろう。"Well" は直訳すると「井戸」だが，ここでは油田から原油を採掘するための油井（oil well）を指す。"Wheel" は自動車の車輪の意味で，"Well-to-Wheel" だと「原油採掘時から車両まで」を意味する。ただし，石油に限ったわけではなく，すべてのエネルギーについて，エネルギー資源を得るところから輸送手段で消費するところまでのプロセス全体で排出される CO_2 あるいは GHG を評価しようというものである。なお，船の場合は "Well-to-Wake"（wake は航跡）と表現されるが，wheel を wake に置換えても問題ないであろう。

Well-to-Wheel（WTW）評価は，大きく "Well-to-Tank（WTT）" と "Tank-to-Wheel（TTW）" に分割される。"tank" は自動車の燃料タンクを指す。つまり，WTT は原油を採掘するところから，それを製油所へ輸送し，製油所で分留してガソリンや軽油に精製し，さらにガソリンスタンドまで輸送して，給油機で車の燃料タンクに入れるまでを対象プロセスとする。TTW は車両で燃焼させるプロセスで，従来の CO_2 排出量の算定対象と同一である。石油製品以外のエネルギーについても WTW 評価を行うことは重要であり，先の「電気自動車で石炭からつくった電気を使っても意味がない」が正しいか否かを判断するには，ガソリン車と電気自動車の WTW 評価を比較することで可能となる。

WTW 評価は 2000 年頃欧米で研究が盛んになり，それまでは燃料のライフサイクル・アセスメントとして捉えられていたようである。筆者が知る限りでは，日本で初めての WTW 評価を主体とした検討は，トヨタ自動車・みずほ情報総研（2004）である。このレポートでは，水素を含む燃料の製造技術や輸送方法のほか，電力でも各発電法を追跡，整理し，燃料製造パス

（経路），発電パスとして WTT 評価のプロセスを説明している。

　その後，工学系の分野で WTW 評価の研究が進み，日本における 1 つの研究集成が日本自動車研究所によってとりまとめられた『総合効率と GHG 排出の分析報告書』（日本自動車研究所，2011）である。この報告書では，詳細な燃料・エネルギー供給パスの設定による WTT 評価と，「1500cc クラスのガソリン小型乗用車と同等性能，同等グレードの乗用車を想定して」(p.79) TTW 評価が行われ，それらを併せた WTW 評価として，エネルギーパスごとの 1km 走行あたりの CO_2 排出量が明示された（図 2-7）。

　図 2-7 では，各燃料・エネルギーによる WTW の CO_2 排出量の違いが一目瞭然である。最上部の「一般ガソリン車」を比較基準とすると，ハイブリッド車では 2/3 ほどの排出量となり，かなり燃費が良くなることが分かる。また，電気自動車では発電法によって大きく異なり，風力発電や太陽光発電の電力を利用すればほとんど CO_2 を排出しない輸送手段になる。石炭火力発電の電力を利用した場合でも，一般ガソリン車の約 3/4 の排出量となる。

　ここで利用されている発電関係のデータは主に 2009〜10 年のものなので（日本自動車研究所，2011，pp.49-50），日本の平均電源構成もその当時を反映し再生可能エネルギー（再エネ）は現在よりかなり少なく原子力発電が多い。また，当然ながらそれ以降の低燃費化は反映されていない。国土交通省の資料[4] では，2011 年度のガソリン乗用車の販売平均燃費は 17.8km/ℓ で，2020 年度には 24.1km/ℓ に 35％ ほど向上している。本来は，保有平均燃費（走行している車両の平均燃費）で比較しなければならないが[5]，他の条件が変わらないとすれば，現在は電気自動車の石炭火力発電の値を下回っている可能性もあり，前記の「石炭から作った電気」発言は正になっているかもしれない。

　WTW 評価は，今後の CO_2 排出削減対策，とくに燃料転換に伴う対策を考える上では重要な評価法となる。自動車では電気（EV）や水素・燃料電

4　国土交通省ホームページ（d）。
5　保有平均燃費の公式の統計はないが，トラックの走行燃費は第 4 章 1.3「走行燃費の推移」参照。

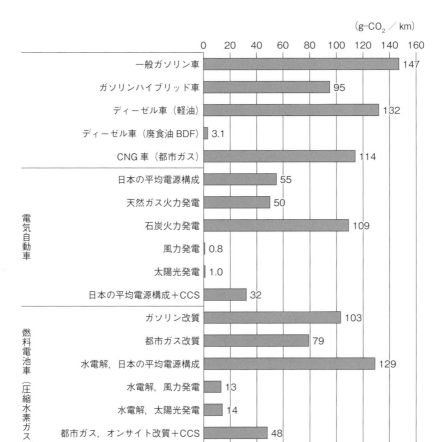

(g-CO₂／km)

図 2-7　WTW 評価による自動車の CO₂ 排出量

出所：日本自動車研究所，2011，より筆者作成

池，航空機ではバイオ燃料や合成燃料，船舶ではアンモニアも脱炭素エネルギーとして有力視されているが，いずれも製造法によって WTW での排出量が大きく変わる（自動車燃料については第 4 章第 3 節参照）。輸送手段からの排出量だけでなく，他部門や海外諸国も含めて排出削減に寄与する対策であるか否かを判断するには WTW 評価が必要であり，今後広く普及していくことが期待される。

2.2　輸送手段のライフサイクル・アセスメント

　ライフサイクル・アセスメント（Life Cycle Assessment：LCA）は，特定の製品について原材料生産から製品の製造，使用，廃棄まで（ライフサイクル）の全体を通して，環境に及ぼす影響を評価することで，物質やエネルギーのインプット，アウトプットを定量化するインベントリ分析がその中心となる。LCA は ISO14040 と 14044 で規格化されており，企業等が自社製品について LCA を行う場合は，これらに準拠することで妥当性が確保できる。

　運輸部門の CO_2 排出量に関する LCA は，輸送手段である自動車等について行う場合が多く，生産，消費，廃棄の各段階でどれだけ CO_2 が排出されているかが定量的に示される。この際，評価結果はエネルギー使用量当り，素材使用量当りの CO_2 排出量といった原単位で示されることが多く，工場のエネルギー使用量はその期間に生産された製品に按分される。

　筆者はこの分野に詳しい訳ではないが，LCA で使う CO_2 排出係数で結果が大きく変わることは容易に想像できる。例えば，日本の平均電源構成による電力使用量当りの CO_2 排出量は，環境省が毎年公表している電気事業者ごとの排出係数のうち「一般送配電事業者」のものであるが，東日本大震災後の 2011～13 年頃は火力発電の割合が高まり電力の排出係数が大きくなったため，この当時のものを用いた場合は電力を多く使用する製品の CO_2 排出量も大きくなる。EV が CO_2 削減に貢献しないという LCA 結果では，この当時の電力排出係数を用いたものが散見される。ただし，先に触れたとおり日本の NDC の基準年が 2013 年度になっているので，あながち恣意的と言い切れないのが難しいところである[6]。LCA を国際規格として定めた ISO14040（JIS Q 14040）では，「異なる LCA 調査又は LCI[7] 調査の結果は，それぞれの調査の前提条件及び分析方法が同等の場合だけ比較可能である」

6　第 1 章第 5～6 節参照。そもそも排出量が多くなった 2013 年度を NDC の基準年にしたこと自体，疑問視されることが多い。
7　LCI とは，ライフサイクルインベントリ分析のこと。ISO14040 の序文では，「調査対象システムに関連するインプット／アウトプットのデータ収集分析の段階に当たる」と定めている。

（序文，p.2）と定めている。分析結果同士が互いに比較可能であるか否か
は，それぞれの細部まで理解する必要がある一方，近年では一般消費者向け
の情報として LCA の結果が示されることもある[8]。同一車種で過去からの燃
費改善を比較する場合などは問題ないと思われるが，在来車と EV や FCV
との比較をする場合は，ISO にあるとおり前提条件や分析手法がどのような
ものなのか明確にしなければならない。

　CO_2 排出量に特化した LCA として，「カーボンフットプリント（Carbon
Foot Print：CFP）」がある。これは経済産業省が主導して「CFP プログラ
ム」[9] として構築しており，製品タイプごとにライフサイクルでの排出量の
算定法である「プロダクト・カテゴリー・ルール（Product Category Rule：
PCR）」を数多く定め，それに準拠してライフサイクル排出量を算定した製
品を「CFP 認定製品」として認めるというものである。2020 年 3 月 1 日現
在で，PCR は 107 件，PCR 認定製品は 1706 件（累計），CFP 登録公開企業
数は 208 社（累計）[10] あったが，現在は「SuMPO 環境ラベルプログラム」
に移管され，複数の環境側面を評価する「エコリーフ」とともに運用されて
いる。

　自動車など世界で生産，使用される製品であれば，国際的に PCR のよう
なものを設定し運用していくことなどが望ましいが，多くの素材，部品が用
いられ複雑を極めている製品で，かつ各国のエネルギー状況もそれぞれ異
なっていることを踏まえれば，容易なことではない。それ故に自動車の
LCA は慎重に実施し，LCA 結果を利用する側も注意深くなければならない。

2.3　Scope3（GHG プロトコル）

　GHG プロトコルは，アメリカの NGO である「世界資源研究所（World
Resources Institute：WRI）」と，スイスに本部がある「持続可能な発展のた
めの世界経済人会議（World Business Council for Sustainable Develop-
ment：WBCSD）」によってとりまとめられた，温室効果ガス（GHG）排出

8　例えばトヨタ自動車ホームページ（a）。
9　詳しくは CFP プログラムホームページ参照。
10　SuMPO ホームページより。

量の算定・報告に関する基準である。その中心的位置づけにある"A Corporate Accounting and Reporting Standard"（事業者の排出量算定及び報告に関する基準)[11] の初版は 2001 年に公表され，その後 2004 年に改訂されている。

　GHG プロトコルでは，直接排出量と間接排出量を「Scope1, 2, 3」として定義づけている。「Scope1」は事業活動からの直接排出によるもの，「Scope2」は間接排出のうち購入電力によるもの，「Scope3」はそれ以外の間接排出である。「Scope3 は任意である」（WRI and WBCSD, 2004, p.29）と明記されているが，現在ではこの Scope3 こそが注目を集めていると言えよう。ここではまず，前記の 2004 年改訂版における「Scope3 に分類される排出のリスト」を以下に引用する。

「スコープ 3 に分類される排出のリスト」

・購入材料や燃料の採取や生産

・輸送関連の活動

　―購入材料や商品の輸送

　―購入燃料の輸送

　―従業員の出張

　―従業員の通勤

　―販売製品の輸送

　―廃棄物の輸送

・スコープ 2 に含まれない電力関連の活動

　―発電（報告事業者が購入または自家発電する電力の発電）において消費される燃料の採取，生産，および輸送

　―エンドユーザーに販売される電力の購入（電力会社が報告する場合）

　―送配電システムで消費される電力（送配電ロス分）の発電（エンドユーザーが報告する場合）

11　和名は環境省が公表している仮訳（https://www.env.go.jp/council/06earth/y061-11/ref04.pdf）による。

・リース資産，フランチャイズ，およびアウトソーシング—このような契約から生じる排出は，選択した連結の手法（出資比率によるものか支配力によるものか）が該当しない場合には，スコープ3としてのみ分類する。リース資産の分類については，財務担当者に確認すべきである（以下のリースに関する項を参照）。

・販売した製品およびサービスの使用

・廃棄物の処理

　—事業で生じた廃棄物の処理

　—購入した材料や燃料の生産過程で生じた廃棄物の処理

　—販売した製品の製品寿命の終了後の処理

（WRI and WBCSD, 2004, pp.46-47. より一部改変）

このリストのとおり，排出量を算定しようとする主体の事業に何かしら結びついている排出は，全てScope3に含まれていると言える。GHGプロトコルでは明確に定義づけている訳ではないようだが，Scope3排出量算定のステップの第1段階として「バリューチェーンの記述」（WRI and WBCSD, 2004, p.30）とあり，サプライチェーンの上流や販売後の下流のどの範囲までをScope3としての算定対象に含むのかを明確にすることを求めている。このため，Scope3はバリューチェーンの排出量，あるいはサプライチェーンの排出量として捉えられることが多い。

環境省・経済産業省（2022）では，Scope1, 2, 3の排出量の合計が「サプライチェーン排出量」であると定めている（p.I-9.）。製品寿命終了後もサプライチェーンあるいはバリューチェーンと呼ぶか否かは意見が割れるかもしれないが，概念や算定対象の範囲を明確化しておけば大きな問題にはならないであろう。なお，自社で導入・使用する機械設備等の資本財の製造等に伴うCO_2排出はScope3に含まれるが，サプライチェーンの上流・下流で使用される資本財は対象ではない（WRI and WBCSD, 2013, pp.6-10）。取引先でのCO_2は，事業活動のフローに伴って排出されるものを対象とすればよいと捉えられる。

トラックでの貨物輸送に関する排出量は，主として Scope3 に区分される
が，算定主体が荷主か輸送事業者かによって変わってくるので，筆者なりに
表 2-3 のように整理した。貨物輸送に EV があまり利用されていない状況で
は，自社の輸送手段かどうかで Scope1 か Scope3 に区分されるので（太字
部分），さほどややこしくはない。しかし，EV が普及拡大した場合は，ど
こで充電したのかも重要になると思われる（斜字体部分）。今後 GHG プロ
トコルで明確にされることを期待したい。

いずれにせよ，GHG プロトコルは企業等の排出量算定・報告を直接排出
（Scope1）やエネルギー使用による排出（Scope2）の算定・報告にとどめ
ず，サプライチェーン，バリューチェーン（Scope3）にまで拡大したこと
に大きな意義がある。Scope 1, 2 の排出量だけでは，排出量が多い工程を外
部委託したり別会社化することで，自社排出量を大きく減らすことができて
しまう。貨物輸送でも自家用車で運んでいたのを輸送事業者に切り替えれば
同様のことが起きる。Scope3 も算定対象に含むことで，排出量の外部転嫁
を防ぐことができる。

また，自動車の完成車組立メーカーのように大きな影響力を持つ企業は，
サプライチェーンを構成する他の企業の排出量に対しても影響力がある。部

表 2-3　荷主と輸送事業者におけるトラック用エネルギーの Scope1, 2, 3 区分

	荷主	輸送事業者
Scope1	・自家用トラックによる燃料使用 ・*EV 用に自家発電した際の燃料使用*	・自社のトラックによる燃料使用
Scope2	・*自家用 EV による電力使用* ・*自社内で輸送事業者が EV を充電し，自社の貨物輸送で使用する電力（充電料金なし）*	・*自社の EV による電力使用*
Scope3	・輸送事業者による燃料使用 ・*自社内で輸送事業者が EV を充電し，自社の貨物輸送で使用する電力（充電料金あり）* ・*自社外で輸送事業者が EV を充電した際の電力使用*	・*輸送を再委託（傭車）した際の燃料・電力使用*

出所：GHG プロトコルを基に筆者作成

品サプライヤーなどの中小企業は，取引の大半を占める大手企業からの要請に応えざるを得ず，製品仕様や納品条件によってエネルギー使用量やCO₂排出量が変わることもあり得る。そこに大手企業の責任がないとは言い難く，取引先として影響力を行使できる立場にあるならば，サプライチェーン全体としてCO₂排出削減，脱炭素へ誘導することは可能である。それがScope3の排出量に表れてくる。

　図2-8は，企業に排出量の情報公開を求めて活動しているNGOであるCDP[12]が，「CDPサプライチェーンプログラム」に報告された排出量から作

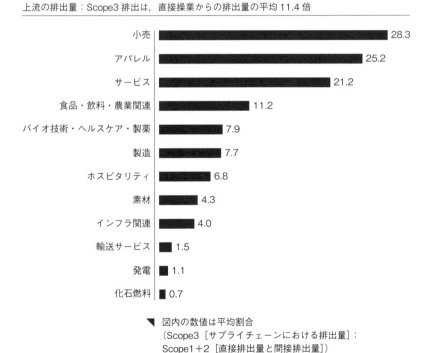

上流の排出量：Scope3排出は，直接操業からの排出量の平均11.4倍

小売	28.3
アパレル	25.2
サービス	21.2
食品・飲料・農業関連	11.2
バイオ技術・ヘルスケア・製薬	7.9
製造	7.7
ホスピタリティ	6.8
素材	4.3
インフラ関連	4.0
輸送サービス	1.5
発電	1.1
化石燃料	0.7

▼ 図内の数値は平均割合
（Scope3［サプライチェーンにおける排出量］：
Scope1＋2［直接排出量と間接排出量］）

図 2-8　Scope1,2 排出量に対する Scope3 排出量

出所：CDP, 2021, p.9

12　かつては "Carbon Disclosure Project" であった。

成したものである。ほとんどの業種で Scope3 排出量が非常に大きいことが分かる。業種によっては Scope1,2 の 20 倍以上に Scope3 が大きくなることを踏まえれば，とくに事業規模が大きい大手企業はサプライチェーン全体に対する排出削減にも取り組むことが求められる。

2.4　相互の関係

　以上までに貨物輸送による CO_2 排出量の 3 つの捉え方（WTW 評価，LCA，Scope1, 2, 3）を紹介したので，ここではそれらを誤解なく適切に使用・理解できるよう，トラック（貨物自動車）を例に取り上げながら整理していく。

（1）　WTW 評価と LCA の関係

　WTW 評価は燃料等の輸送用エネルギーについての評価であるのに対し，LCA は基本的には製品の評価である。WTW 評価は「燃料の LCA」と表現されることもあるが，紛らわしくなるのでこの表現は用いないこととする。トラックをモデルに相互の関係を図 2-9 のように表現してみた。分かりやすくなるよう，LCA を 1 つの横軸で表現した。

　まず，LCA は資源採取から製造，加工工程を経て製品の使用，そして廃棄されてリサイクルまたは処理・処分までのプロセスにおいて，どれだけの CO_2 を排出するのかを評価する。異なる製品を比較する場合，その用途が同じになるようにする。例えばディーゼルトラックと EV トラックを比べる際は，最大積載量などを揃えるのが妥当であろう。そして，評価結果も製品単位で表される。同型のトラック 1 台当りのライフサイクルでの CO_2 排出量を比較し，どちらが少ないかが評価可能となる。

　これに対し WTW 評価は，輸送用エネルギーについての評価である。使用するエネルギー（燃料または電気）の資源採取の段階から，車両で消費するまでの CO_2 排出量を算定し，車種をそろえた上で，走行距離当りなどで CO_2 排出量を比較するのが一般的である。同一車両で使用できる燃料同士，例えば軽油とバイオディーゼルなどであればリットル当りなどの比較も可能であるが，この場合は発熱量や実際にトラックで使用した場合の燃費が同一

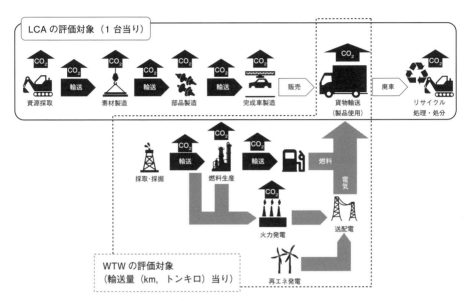

図 2-9　WTW 評価と LCA の対象範囲

であることを確認する必要がある。

　この 2 つの評価が重複する部分は，車両での燃料・電力使用である。た
だし，LCA は車両単位で評価するので，その車両が新車で生まれてから天
寿を全うするまでのエネルギー使用量すべてを算定するのに対し，WTW 評
価は走行距離やトンキロなど活動量当りで算定・比較する。相互に似て非な
る評価法なので，目的によって使い分ける必要がある。

　なお，WTW 評価も LCA も，一般には対象とする車両やエネルギー生産
のフローに関する CO_2 排出量を算定対象とし，工場や生産設備，あるいは
輸送用インフラ等の建設・製造までは含まない場合が多い。仮に「ソーラー
パネルの製造に多くのエネルギーを使用する」といったことを加味して再エ
ネ電力を評価するならば，火力発電や原子力発電でも発電所建設や資源の採
掘・輸送に伴うエネルギーも評価対象として捉える必要があろう。

(2)　Scope1,2,3 と WTW，LCA（メーカー等の場合）

　Scope1,2,3 は組織の CO_2 排出量を算定するので，算定範囲はその組織の

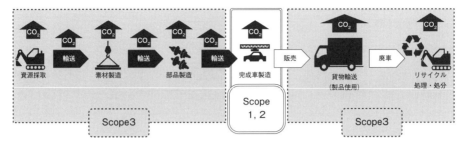

図 2-10　トラック（完成車）メーカーの Scope1,2,3 対象範囲（年間の全事業活動）

活動となる。メーカーなど製品生産を事業とする企業であれば，自社工場などの事業所で使用するエネルギーが Scope1,2 の対象となる。Scope1 とScope2 の区別は，CO_2 の排出場所が自社内かそれ以外（発電所など）かで区別する。

　算定範囲は，基本的には LCA と同じであるが，トラック（完成車）メーカーであれば事業活動すべてが対象となる。よって生産規模も排出量に大きく関係してくる。ここで関連する貨物輸送による CO_2 排出量は Scope3 となる[13] が，そこでの CO_2 排出量は WTW 評価で行うことが望ましい。

　Scope3 を算定する際は，取引先やその先の企業からデータ提供を受ける必要がある。Tier1, Tier2 など取引先階層を表す「Tier」の値が大きくなるほど情報収集は難しくなるため，保守的[14] に共通原単位を使用することなどもあり得るだろう。

（3）　Scope1,2,3 と WTW，LCA（貨物輸送事業者の場合）

　トラック等で輸送サービスを提供する事業者は，燃料等の輸送用エネルギーと，トラック等の車両・輸送手段に分ければわかりやすい。自社が保有する車両で，自社が購入した燃料の使用に伴って排出する CO_2 は，Scope1に分類される。EV を使用する場合は，電力を購入するので Scope2 となる[15]。当然ながら，その発電法によって排出量は大きく変わる。これら購入

13　自社（自家用トラック）で部品や製品を輸送する場合は Scope1 に計上する。
14　綿密に調査した場合より排出量が過少にならないと捉えられるようにすること。

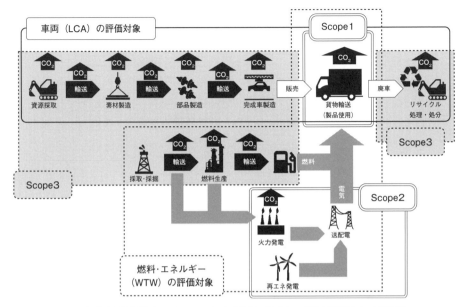

図 2-11　貨物輸送事業者の Scope1,2,3（車両 LCA・燃料 WTW との関係）

した燃料・電力の上流排出量，つまり WTT に相当する部分は Scope3 となる（WRI and WBCSD, 2013, p.7）。ただし，現在の CO_2 排出係数では，燃料は車両での燃焼のみが対象になっているのに対し，電気は発電所の燃料使用量をもとに作成されている。よって送電時の損失も込みであるため，本来は製油所から燃料スタンドまでの輸送による排出も含まないと，相互比較はできないはずである（コラム1参照）。

　車両については，トラック事業者は基本的に購入するだけなので，自動車メーカー[16] から LCA 情報の提供を受ける必要がある。トラック事業者がここでの排出量を減らすのであれば，自動車メーカーの LCA を比較することで，省資源・省エネ型のサプライチェーンで生産されているか，再エネ等を積極的に利用しているかなどを比較評価して排出量の少ないメーカーを選択

15　実際にはほとんどないと思われるが，自社で発電した電気を使用する場合は Scope1
　　となる。その場合，輸送事業による排出ではなく，発電による排出として計上する。
16　架装メーカーも含む。

することになる。

（4）　対象期間の違い

　LCA は車両（製品）のライフサイクル全体を評価対象とするので，当該車両1台について，生産から使用・消費，廃棄までにどれだけの CO_2 を排出するのかを算定する。これにより異なる燃料種の車両同士を比較・評価することが可能となる。トラックは一般的に製造されてから廃車となるまで10数年使用されることから，LCA の評価対象期間は，車両としての寿命に製造，廃棄・リサイクルに要する期間を加えたものとなる。

　これに対し，Scope1,2,3 は企業等の事業活動に伴う CO_2 排出量を算定対象とするため，期間は特定の年度が対象となる。よって年間のエネルギー使用量を自社およびサプライチェーン上流・下流で把握し，排出原単位等を用いて CO_2 排出量を算定する。その際注意を要するのは，機械設備等の導入による排出量である。機械設備等の資本財は一般的には長期にわたって使用するので，その導入費用を使用期間の各年度に振り分ける減価償却が行われる。しかし，Scope3 の算定においてはこれと同様の措置は認められておらず，導入年度にすべて計上しなければならない。このため，年度によってScope3 排出量が大きく変動する場合もあり，その旨を報告書に記すことが必要となる（WRI and WBCSD, 2011, p.39）。

　WTW 評価は，燃料・エネルギーを相互に比較する場合は原単位で評価される。走行距離当り，輸送トンキロ当りなど活動量の原単位で CO_2 排出量を示すことができれば，どの燃料・エネルギーを選択すべきなのかが分かる。よって，通常は評価の対象期間が問題になることはない。

　WTW 評価はまた，LCA や Scope1,2,3 の算定を行う際の構成要素ともなり得る。評価対象となる製品・活動の貨物輸送において，どれだけの燃料・エネルギーを使用するのか，あるいはどれだけの輸送需要が発生するのかに応じて，実際の輸送で使用する燃料・エネルギーをしっかり確認した上で，WTW 評価による原単位を用いることができる。

3

日本の法律に従うだけでは対応できない： 物流の CO_2 排出量算定の国際標準

CO_2 排出量マネジメントの重要性が高まるにつれて，前節のとおり物流からの CO_2 排出量に関しても様々な捉え方が出てきている。その一方，なるべく排出量が少ない輸送手段を選択したり企業の排出削減対策の効果を示したりする場合，統一した基準で算定して比較する必要がある。

ここでは，輸送チェーンからの排出量算定の国際標準として公表されている GLEC Framework と，2023 年 3 月に発効した ISO14083 について，貨物輸送に関する内容を中心に紹介し，筆者なりの見解を記していく。

3.1 GLEC Framework

オランダに本部がある NPO の Smart Freight Centre（SFC）は，グローバル・ロジスティクス排出量算定協議会（Global Logistics Emission Council：GLEC）を設置し，2016 年にロジスティクスからの CO_2 排出量算定法のガイドラインとして，"GLEC Framework" を公表した。企業等における意思決定や情報公開，あるいは取引先や投資家等の外部ステークホルダーがロジスティクス活動やサプライチェーンからの排出量を利用する際，共通の算定法が必要であることから策定されたものである。世界中に様々な排出量の算定法や排出係数，原単位が散在しているのを整理するための共通の枠組みを GLEC Framework は提示している。

2019 年には，これをバージョンアップさせた "GLEC Framework Version 2.0" が公表された。前バージョンでは触れられていなかった物流拠点，メール便，内陸水運への対応や排出係数・原単位の更新のほか，"GLEC Declaration（宣言）" を推奨していることが新たな特徴としてあげられる。GLEC Declaration は，輸送事業者などの物流サービス企業が，自社の排出量に関するデータがどのように算定されたのかに関する情報を公表するもので，これに基づいて荷主や外部ステークホルダーがその情報の有用性を判断することができる。GLEC Declaration は B2B（取引先）と外部ステークホルダー

それぞれに対して整理されている。B2B向けのものは表2-4のとおりである。

表2-4 GLEC B2B Declaration

	最小レベル	他の有用な情報
レポートの範囲	顧客に提供されるサービス全般[a]	出荷レベル，個々の輸送サービス，輸送ルート，事業単位，地域，製品，他
年次	レポートの年次	複数年度の概要，四半期レポート
算定項目	GHG排出量 トンキロ トンキロ当りGHG排出量	その他の必要に応じた係数・原単位：貨物1t当り，TEU当り，パレット当りなど
排出量の基準	WTW	WTTとTTWの区別
Scope 1, 2, 3	全スコープの合計値	各スコープの区別
輸送モードごとの報告	GHG排出量，輸送トンキロおよびトンキロ当りの排出原単位の内訳：主な輸送モードごとに[b]	倉庫・物流拠点の包含：とくに素材貨物の場合
利用データの情報源		主となる輸送と前後の輸送の区分，輸送モードごとの内訳 輸送モードおよび輸送カテゴリー別データソースの内訳（トンキロベース） ・実測データ ・輸送計画からのデータ ・モデル化されたデータ ・既定の係数・原単位
データの検証・確認	使用データが保証されたものかどうかの表示	

注a：ここでは，レポートの範囲を明確にする必要がある。範囲内の輸送サービスに関する説明はすべて顧客に提供される。例えば，「（B2B顧客に提供された）すべての輸送サービス（物流施設，荷役時の排出を含む／含まない）」など。
　b：実際の一貫輸送を構成する輸送モードにかかわらず，各輸送モードの値はその前後の輸送を含む場合がある。例えば，海上輸送に付随する陸上輸送は海上輸送に一括で含むなど。
出所：Smart Freight Centre, 2019, p.51より筆者作成

この表にもあるとおり，GLEC Framework は GHG プロトコルも意識した内容となっているほか，CDP 報告にも対応するためのガイダンスもある（pp.54-55）。さらに，SBTi[17] のガイダンスも GLEC Framework に対応した排出量算定を求めており（p.56），今後の貨物輸送からの排出量算定に大きく影響してくるものと思われる。

なお，表 2-4 にあるとおり，最小レベルでも WTW の排出量算定が必要であり，日本の省エネ法（エネルギーの使用の合理化及び非化石エネルギーへの転換等に関する法律）や温対法（地球温暖化対策の推進に関する法律）での算定法では対応できない。国内でも WTW での算定に関して何らかのガイドライン等を策定することが求められる。

3.2 ISO14083

GLEC Framework と 同 様 の 内 容 が，2023 年 3 月 20 日 に ISO14083（Greenhouse gases — Quantification and reporting of greenhouse gas emissions arising from transport chain operations：温室効果ガス—輸送チェーンの運用から生じる温室効果ガス排出量の定量化と報告）として発効した。以下，この中から物流に関する内容を取り上げていく[18]。

貨物輸送の対象範囲は，図 2-12 のように示されている。貨物が荷送り人（A）の元を出るところから，荷受人（B）に届けられるまでのすべてのプロセスについて，それぞれの活動を "Transport Chain Elements（TCE：輸送チェーン構成要素）" に分割し，すべての TCE の排出量が算定対象となる。また，図 2-12 の TCE2 や TCE4 のような拠点での活動は，さらに図 2-13 のようにそれぞれの "Hub Operation Categories（HOC：拠点活動区分）" ごとに算出することが求められている。

"5.2.2 Processes Included（対象範囲）" においては，「推奨される，または利用可能で最適な GHG 排出係数の使用により，エネルギー事業のプロセスが含まれるべき」とあり，そこには発電所の建設など 1 次エネルギー生

---

17 Science Based Target イニシアティブのこと。詳しくは WWF ジャパンホームページ参照（https://wwf.or.jp/activities/basicinfo/409.html）。
18 旅客輸送についても併せて規定されているが，本書では対象外とする。

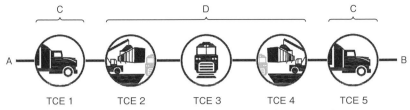

A：荷送り人（freight consignor）　C：道路輸送サービス（road services）
B：荷受人（freight consignee）　　D：鉄道貨物輸送サービス（rail freight services）

図2-12　複合輸送チェーンの構成要素（TCE）の記述例

出所：ISO 14083:2023, figure 1

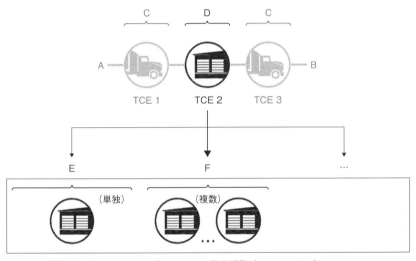

A：荷送り人（cargo consignor）　　　D：拠点活動（hub operation）
B：荷受人（consignee）　　　　　　　E：単独拠点（single hub）
C：道路輸送サービス（road services）　F：同種複数拠点（multiple hubs on one hub type）

図2-13　TCEと拠点活動区分（HOC）

出所：ISO14083:2023, figure 7

産に関するほぼすべてのプロセスが含まれるべきと定められている。これは
WTWを意味すると理解できるが，Scope3ではインフラ建設は含まないの
で，それを上回る範囲で捉える必要がある。

　このISO14083は，本文53ページに加えてAnnex（付属書）が18もあ

る異例のボリュームとなっており，今後実際にどのように利用・運用されるのかは不透明だが，仮にヨーロッパなどの取引先から日本企業がこの ISO に基づいて GHG 排出量の報告を求められた場合，日本の省エネ法で定められている原単位では対応できず，個別に情報収集して算定するしかないため，膨大な事務作業の発生が見込まれる。

　また，GLEC Framework 作成で中心的役割だったディレクターより筆者が聞いた話では，ISO が発効した場合は GLEC Framework も調和するように改めるとともに，ISO 認証のような手続きを簡素化し，GLEC または SFC として独自の認証を企業に付与する事業を展開していくとのことだった[19]。この場合，日本企業も海外の取引先から認証取得を求められたり，海外企業が自社の認証取得のために日本の取引先にも GLEC Framework や ISO14083 に準拠した排出量の報告を求めたりしてくる可能性はある。これを個々の企業で一から対応するのは相当な負荷であり，国や業界団体がガイドライン等を作成するか，国内でサポート可能なコンサルタント等が現れることを期待するしかないだろう。

4
取り組みの分類：
物流の排出削減策に関する枠組み

　貨物輸送・物流において，CO_2 排出を削減する対策は多く存在している。運送事業者の現場ではエコドライブや輸配送ルートの効率化が行われ，車両メーカーではエンジンや車両形状の改良によって低燃費化が行われる。荷主企業ではパッケージ変更による積載効率向上やモーダルシフトが行われ，行政では渋滞緩和のため道路の建設や改良が行われる。あるいはこれら事業者の取り組み支援のために補助金等が支給されることもある。それぞれの取り組みが複合し，かつ経済・社会構造の変化も貨物輸送需要に反映されて，図 2-6 で見たような CO_2 排出量の推移となって表れる。

19　実際は，SFC の関係者がこの ISO 作成を提起した。

カーボンバジェットからも分かるとおり，物流においても脱炭素は急務の課題であり，各主体で可能な限りの排出削減対策に取り組むべきであるが，できることは何か，不足している取り組みは何か，あるいは効果を生んでいる取り組みは何か，等について検討するための視点や枠組みが確立している訳ではない。

　本節では，貨物輸送における CO_2 排出削減対策を整理する枠組みについて，McKinnon（2018）に準拠して紹介した上で，カーボンバジェットと結びついた CO_2 排出量の管理が可能であるか，および個々の排出削減策・政策を的確に位置づけられるかという視点から検討していく。

4.1　ASIF 方法論

　Schipper and Marie-Lilliu（1999）は，特定の輸送モードにおける CO_2 排出は4つの構成要素に分解されるとし，それぞれの頭文字から「ASIF Methodology」と表現している（表2-5）。

　そしてこれに基づいて，アメリカ，日本，オーストラリア，西ドイツ，スウェーデンの5か国について，1973年から約20年間[20] の CO_2 排出量の変化を各要素に分解して示している[21]。例えば，日本の CO_2 排出量は旅客輸送で126%の増加となっており，構成要素では Activity が89%と最も高い増加を示している。

表 2-5　ASIF 方法論の構成要素

Activity	旅客または貨物輸送の総量（人キロ，トンキロ）
Share	輸送分担率
Intensity	各輸送手段のエネルギー効率（燃費，特徴，利用効率）
Fuel	燃料の炭素含有度（CO_2 排出係数）

出所：Schipper and Marie-Lilliu, 1999, p.11 より筆者作成

20　旅客輸送は 1995 年まで，貨物輸送は 1994 年まで。
21　「Share」は，この5か国の分析では「Structure」となっている。輸送手段別ではなく各国のトータルとして示しているためと思われるが，特段の説明はない。同様に「Fuel」は「Fuel mix」となっており，燃料の利用構成比を示していると思われる。

しかし，この方法論の説明では A, S, I, F の各項を掛け算して CO_2 排出量が算出されるという説明であるものの，各国を分析した結果では排出量の増加と要因相互の変化の値が関連を有していない。よって，各項は独立した指標であり，運輸部門の CO_2 排出量を構造的に捉えるものとはなっていない。

4.2 A-S-I フレームワーク

「A-S-I フレームワーク」は，旅客輸送を含む運輸部門の CO_2 排出削減対策を捉える概念として 2010 年頃からよく用いられていたと筆者は記憶している。アジア開発銀行（Asian Development Bank：ADB）は，2009 年に持続可能な都市交通の概念としてレポートで明示している（Asian Development Bank, 2009）。

McKinnon によれば，ASIF 方法論の「A, S, I」とこのフレームワークの同文字で表される概念が似ておりしばしば混同されながらも，それぞれ政策・対策の分類に使用されてきた（McKinnon, 2018, p.20）。

表 2-6 は概念的な提示にとどまっているため，A-S-I それぞれにどんな物流の取り組みが当てはまるのか考えてみたい。まず Avoid は，輸送そのものを削減するものなので，輸送ルートの見直し，多頻度輸送の集約，共同輸配送などが該当するだろう[22]。ただし，輸送そのものが少なくなるため，運賃収入を得ている輸送事業者にとっては，自らの収入減少となりかねない。

表 2-6　A-S-I フレームワーク

Avoid 輸送の回避	輸送需要の削減 　コンパクトシティなど主に都市構造の改善による。
Shift 転換	輸送手段選択の変更 　公共交通機関の整備・利用推進と，自動車交通の外部性を踏まえた駐車料金・通行料金の徴収政策など。
Improve 改善	車両と燃料のエネルギー効率の向上

出所：Asian Development Bank, 2009, pp.38-45 をもとに筆者作成

22　共同化によって低積載率での走行が長くなれば，かえって燃料消費量が多くなる可能性もある。改良トンキロ法などで予め試算した上で，実施の可否を判断すべきである。

次に Shift は，トラックから鉄道・船に転換するモーダルシフトが該当する。同じトラックでも貨物量当りの排出量が少ない大型トラックへの転換，あるいは他の荷主の貨物と混載輸送する営業用トラックへの転換なども含まれよう。このようなトラックからトラックへの転換は，走行距離の削減や積載率の向上によって CO_2 排出量が削減される。モーダルシフトやトラックの大型化（大型車両への集約）など，輸送量当り，一般にはトンキロ[23] 当りの CO_2 排出量が少ないものに転換する取り組みがここに該当する[24]。

　最後の Improve は，エコドライブやバイオ燃料の使用など，輸送手段を変えずに排出量を減らす取り組みが該当する。また，低燃費車の導入・利用など輸送機器の効率改善もこれに含まれる。

　以上のとおり A-S-I フレームワークに取り組みを当てはめると，McKinnon が指摘するとおり図らずも表 2-5 の ASIF の示す指標によって評価することができる。ただ，A-S-I の"Avoid"に該当する多頻度輸送の集約や共同輸配送は輸送トンキロを減らさないので，ASIF の"Intensity"に含むべきかもしれない。いずれにせよ，ASIF も A-S-I も各概念に相互関係がある訳ではなく，それぞれの定義も確立しておらず，貨物輸送における排出削減の取り組みを全て包含するか否か，あるいは特定の輸送活動における取り組みを構造的に区別するものかどうかは明確ではない。取り組みの分類手法として便宜的に用いることは可能だが，貨物輸送全体の CO_2 排出量を管理する枠組みとしては十分とは言えない。

4.3　Green Logistics フレームワーク

　Green Logistics フレームワークは，1990 年代にイギリスの研究プロジェクトにおいて開発され，その後改良されて現在の形になっており，企業や国の取り組みを表す統計や変数，因子などでより細かく構成されている。それらの相互関係は 7 つの構成要素で表されていたが，McKinnon は脱炭素ロジスティクスのフレームワークとして，「貨物輸送需要の削減」，「低炭素輸送モードへのシフト」，「設備利用率の改善（車両，倉庫）」，「エネルギー効率

23　貨物の重量（t）と輸送距離（km）を掛けたもの。輸送需要を表す際に多用される。
24　営自転換は必ずしも異なる車種への転換とはならない可能性がある。

の向上」の4つに再編できるとした（McKinnon, 2018, pp.21-24.）。

Green Logistics フレームワークは，ASIF フレームワークと類似しており，それぞれの項目での変化は把握可能であるものの，各項目に該当する取り組みが貨物輸送全体の GHG 排出に対してどの程度のインパクトを持ち得るのかは明確ではない。ASIF と同様の限界を持つと言える。

4.4　TIMBER フレームワーク

企業における脱炭素ロジスティクスへの取り組みに対し，影響を及ぼす外部要因を分類するものとして，TIMBER フレームワークがある。これは，Technology（輸送，倉庫業務，荷役に係る技術），Infrastructure（輸送，エネルギー，通信に係るインフラ），Market（ロジスティクス・サービスに係る市場構造，手法，取引形態，需要），Behavior（業界と従業員のレベル，その認証プログラム），Energy（発電形態，代替燃料の利用可能性，燃料の炭素含有度），Regulation（国際，国家，地方レベル。財政政策と公共関与を含む）の6つを指し，それらの頭文字から名づけている（McKinnon, 2018, pp.24-25.）[25]。

TIIMBER フレームワークは，個別企業内で脱炭素戦略を策定する際の検討のほか，国際比較やマクロレベルでの動向の整理などに利用可能である[26]が，相互関係や定量化はかなりあいまいなものとなっている。その一方で，McKinnon は TIMBER の各項目と貨物輸送に係る指標との関係を図示しており（McKinnon, 2018, p.26.），企業が置かれた状況の中で脱炭素対策をどのように意思決定するかによって，業界や国全体の貨物輸送の GHG 排出関連指標に影響することが理解できる。定量的ではないものの，どのような脱炭素対策を選択していくのか企業が検討する上では，有効な視点を提供していると言える。

---

[25] このフレームワークは，独 Khüne Logistics University の，13 か国ロジスティクス脱炭素研究コースにおいて開発された（McKinnon, 2018, p.28）。
[26] 同書（McKinnon, 2018, pp.232-261）では，TIMBER と補助・支援，規制のマトリックスで，イギリスの取り組みを整理している。

4.5　4つのフレームワーク・方法論の位置づけ

　以上，それぞれのフレームワークでは特に言及されている訳ではないが，基本的にはどれも個々の企業等における対策を分類し整理するものと捉えられる。よって，ミクロレベルでの分類法と位置づけられよう。McKinnonはこれらのフレームワークに基づいて，企業のロジスティクスにおける脱炭素戦略の策定・推進を前提に検討を進めていることからも（McKinnon, 2018, pp.29-66)，個々の企業などミクロレベルの取り組みに用いるのが妥当であろう。

5

国全体の取り組みを評価：
マクロ評価のための茅恒等式とFI式

5.1　茅恒等式とFI式

　茅恒等式とは，茅陽一が気候変動に関する政府間パネル（IPCC）の作業グループで提起したもの[27]で，CO_2排出量を下記のように分解して捉えるものである。

$$CO_2 \ Emission = Population \times \frac{GDP}{Population} \times \frac{Energy}{GDP} \times \frac{CO_2}{Energy}$$

（IPCC, 2000, p.105 より一部改変）

　McKinnonは，この茅恒等式の人口（Population）をGDPに，GDPを物流活動を示す指標としてトンキロ（tonne-km）に替え，Freight Identity（以下，FI式）として提起している。さらにそれを輸送モードごとに分解し，それぞれの解にモードの分担率を掛け，その和で貨物輸送全体のCO_2排出量が表されるとした（McKinnon, 2018, pp.16-20)。輸送分担率を除いたFreight Identityの式は，以下のとおりである[28]。

27　日本経済新聞2018年12月22日付「私の履歴書　茅陽一（21）茅恒等式」より。
28　McKinnonがFreight Identityとして示している方程式（McKinnon, 2018, p.17)は，

$$Freight\ CO_2\ Emissions = GDP \times \frac{tonne\text{-}km}{GDP} \times \frac{energy}{tonne\text{-}km} \times \frac{CO_2}{energy}$$

（McKinnon, 2018, p.19 より一部改変）

なお McKinnon はここで，$\dfrac{tonne\text{-}km}{GDP}$ を Transport Intensity（輸送強度），$\dfrac{energy}{tonne\text{-}km}$ を Energy Efficiency（エネルギー効率），$\dfrac{CO_2}{energy}$ を Carbon Content（炭素含有度）と表現しているため，これに倣って Freight Identity は以下が成立するものとする。

$$Freight\ CO_2\ Emissions$$
$$= GDP \times Transport\ Intensity \times Energy\ Efficiency \times Carbon\ Content$$

本来であれば McKinnon が示すとおり各輸送モードに分けて分析すべきであろうが，日本の貨物輸送の CO_2 排出量のうち 90.1%（2020 年度，GHG インベントリ）は貨物自動車の排出が占めていることを踏まえれば，トラック輸送対策の位置づけが重要になることは自明である。トラック以外のモード別に分析しても全体に対する割合は小さいことから，第 5 章も含めて本書ではモードごとに分けず貨物輸送全体を対象に，FI 式を扱うこととする。

5.2 FI 式の各項の説明

Freight Identity 式の右辺各項について，どのような指標として捉え得るかについて整理する。

両辺が異なってしまう明白な誤りがあった。McKinnon 本人に確認したところ，ここに記すとおりの式として理解されたいとの返答があった。なお，同様の式が岡田（2008a）によって提示されており，日本の貨物輸送からの CO_2 排出量も対前年比で分析されているが，日本語の論文であり McKinnon はこれを参照していない。岡田はその後関連する論文を 1 編（岡田，2008b）公表しているが，筆者の知る限りこれに続く研究は見当たらない。今後このテーマで研究が拡大した場合は，McKinnon（2018）がベースになると思われるため，本書でも McKinnon を主体に取り上げることとする。

まず，一般に GDP が増加すれば貨物輸送量も増加するため，第一項の *GDP* は CO_2 排出量を押し上げる要因として作用する。ただし，第三次産業とくに ICT 関連の経済活動が成長する場合は，貨物輸送量にはあまり影響しないものと考えられる。

これを表すのが第二項の *Transport Intensity* $\left(\frac{tonne\text{-}km}{GDP}\right)$ である。近年の ICT 化やいわゆるデジタル・トランスフォーメーション（DX）が進展すれば，GDP に対する貨物輸送トンキロの割合であるこの値は低下していく[29]。

第三項の *Energy Efficiency* $\left(\frac{energy}{tonne\text{-}km}\right)$ は，貨物輸送におけるエネルギー効率を表すため，積載率の向上，モーダルシフト，エコドライブなど物流における CO_2 削減対策の効果の多くがこの項に集約される。物流業界の対策や省エネ法の効果を検証する上では最も重視すべき指標となる。

第四項の *Carbon Content* $\left(\frac{CO_2}{energy}\right)$ は，主に燃料の炭素効率を表す。燃料転換が行われない限りは基本的に変化しないため，バイオディーゼル燃料の使用等を除き物流業界での取り組みとはあまり関係ない。燃料の性状変更に伴う単位発熱量や CO_2 排出係数に変化があればここでの寄与度にも影響してくるが，資源エネルギー庁と環境省がそれぞれ定める標準発熱量，炭素排出係数において，輸送用燃料の値は 2005 年の省エネ法改正以降変わっていない。ただし，将来的に電動トラックなどが普及してくれば，*Carbon Content* に大きな変化が現れる。この場合，電気や水素は二次エネルギーとしての位置づけになるため，それらの製造法までを含めた CO_2 排出量の計測が必要になってくる[30]。

FI 式右辺の各項は，既存のマクロ統計データで構成されており，貨物輸送からの CO_2 排出の構造を捉えることが可能である。また，全て掛け算であるため，脱炭素すなわち左辺の *Freight CO_2 Emissions* をゼロにするため

---

29 ICT 化やデジタル・トランスフォーメーションは，システムやコンテンツの生産拡大が主であるため，これら関連産業の対 GDP 比が上昇しても，貨物輸送需要（トンキロ）への影響はあまりないと捉えられる。

30 WTW 評価が必要となる。ただし，現時点で輸送用燃料・エネルギーの WTW 評価を行うための共通の原単位が確立していないことから，第 5 章では TTW を前提とした排出係数，排出量を用いる。

には，右辺のいずれかをゼロにすれば達成可能であることが分かる。

　上記のとおり物流業界や関連施策の取り組みの多くは第三項（*Energy Efficiency*）に多く，一部は第四項（*Carbon Content*）に含まれる。このどちらかをゼロにするのは容易いことではないが，限られたカーボンバジェットを踏まえれば，第二項（*Transport Intensity*）も含めてできるだけ速やかに値を低減させ，それらの積である CO_2 排出量を削減していくことが必要である。なお，FI式を用いた実際の分析は，第5章にて行う。

······· **コラム 1** ·······

WTW 評価から見た温室効果ガス
算定・報告・公表制度の排出係数の問題

　地球温暖化対策の推進に関する法律（温対法）に基づいて，省エネ法で指定されている特定事業所排出者などは，毎年度エネルギー消費量の報告とともに温室効果ガスの排出量を算定して報告しなければならない。この際，各事業者・事業所は，エネルギー種別の消費量に所定の排出係数を掛けて算定することとなっている。電気に関しては，毎年電気事業者ごとに排出係数（tCO_2/kWh）が公表されている。詳しくは環境省のホームページ「算定方法・排出係数一覧」[*]に一通りの情報が掲載されている。

　この排出係数がどのように算出されたかについては，「電気事業者ごとの基礎排出係数及び調整後排出係数の算出及び公表について」[**]において，「電気事業者がそれぞれ供給（小売り）した電気の発電に伴い，（中略）燃料の燃焼に伴って排出された二酸化炭素の量（tCO_2）（以下「基礎二酸化炭素排出量」という。）を，当該電気事業者が供給（小売り）した電力量（kWh）（以下「販売電力量」という。）で除して算出する」と記されている。つまり，火力発電所での燃料使用量に基づいて CO_2 排出量が算出され，分母となる電力は販売量，すなわち家庭や事業所などユーザーの電気メーターの値に基づく，いわゆる受電端の電力量である。よって，この電力排出係数で算定された CO_2 出量は，発電時のエネルギーロスや送電ロスも含む発電所以降が算定対象になっている。電気自動車に充電した場合は，「発電所 to Wheel」になる。

　一方，この制度で使用するガソリンや軽油の排出係数は，各燃料の単位発熱量をもとに算出されているので，自動車で使用すれば「TTW（Tank to Wheel）」になる。

　もし，ガソリンや軽油も「発電所 to Wheel」に揃えた評価を行うならば，「製油所 to Wheel」として，製油所でのエネルギー使用量やロス，タンクローリーでの輸送なども含んだ排出係数にすべきかと筆者は考えるが，いかがだろうか。

＊　環境省ホームページ（d）。

** 経済産業省産業技術環境局長・資源エネルギー庁長官・環境省地球環境局長（2022）。

第 3 章

モーダルシフトの限界
―気候変動対策としての有効性の検証

　貨物輸送の CO_2 排出量削減対策としてよく取り上げられるものにモーダルシフトがある。「モーダルシフト」とは，トラック輸送から鉄道や船舶等の大量輸送手段に転換することを指す。物流業界以外の方々と話をすると，物流の排出削減対策と言えばモーダルシフトを第一に思い浮かべ，特に貨物列車での輸送をもっと増やすべきという意見が非常に多いように感じる。確かに鉄道や船舶による輸送は，公表されている輸送量当りの CO_2 排出量がトラックよりかなり少ないので，鉄道や船をもっと活用すべきというのは妥当な意見である。

　一方，物流業界に身を置く人々の多くは，モーダルシフトに CO_2 排出削減をさほど期待していないことも肌で感じる。荷主ニーズに対応するためには現在の輸送手段をそう簡単には変えられないという保守的なバイアスがあるとしても，業界の実情からモーダルシフトはそうそう進まないという人が多いようにも思う。どちらかと言えば，近年のトラックドライバー不足の対策としての方がモーダルシフトの推進力としては大きいと感じる。

　モーダルシフトは，トラック走行の減少に伴う大気汚染の改善，騒音の低減，都市内渋滞の緩和，交通事故の減少など気候変動以外の効果も見込むことができる。これらについては，社会的費用，外部費用の分野において研究の蓄積がある。古くは宇沢（1974）に代表され，IWW・INFRAS（2004）やCE Delft（2007）は具体的な算定法を取りまとめており，一定の到達点に達したと言ってもよいだろう。イギリスで実際に算出した例（Strategic

Railway Authority, 2003）では，「道路混雑」の価額が突出している。これは道路混雑による損失時間を機会費用で算定し，日々大量の損失費用を計上しているためである。

　本章では，日本のモーダルシフトが CO_2 排出削減にどの程度有効なのか，どの程度のポテンシャルがあるのかについて検討していく。日本の物流の現状を踏まえつつ，検討の視点として，1）モーダルシフトによる CO_2 排出量のビフォー・アフター，2）モーダルシフトのポテンシャル，3）前述の1），2）を踏まえた CO_2 削減ポテンシャル，の3点を設定し，現実的にモーダルシフトによってどの程度の CO_2 が排出削減可能なのかを明らかにしたい。

1

「モーダルシフトで CO_2 削減」の根拠が突然変化：トラックのトンキロ当り CO_2 排出量（原単位）の問題

　モーダルシフトは，2005年に策定された「京都議定書目標達成計画」においても主要な対策として取り上げられており（pp.28-29），国も物流分野の政策の1つとして従前より推進してきている。その根拠に用いられるのが，輸送手段別の CO_2 排出原単位である。国土交通省は毎年度この数値を公表しており，2020年度は図 3-1 のとおりである。この図は輸送トンキロ当りの CO_2 排出量の比較で，トラック輸送である「自家用貨物車」と「営業用貨物車」に比べて，「船舶」と「鉄道」はかなり数値が小さい。国土交通省では，営業用貨物車と鉄道，船舶を比較して，モーダルシフトの必要性について「貨物輸送の方法を転換することで，鉄道利用では90％，船舶利用なら80％も CO_2 排出量を削減することができるのです。こうしたことから，地球温暖化対策としてモーダルシフトは大変有効です」（国土交通省ホームページ（a））としている。

　図 3-1 の営業用貨物車の「216gCO_2/トンキロ」は，具体的にどの値を使用したかの説明はないものの，2020年度 GHG インベントリの「貨物自動車／トラック　営業用」の排出量である 40,394ktCO_2 を，同年度自動車輸送統計の営業用トラックの輸送量である 186,999百万トンキロで割って算出し

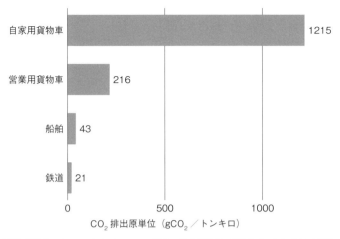

※温室効果ガスインベントリオフィス：「日本の温室効果ガス排出量データ」、国土交通省：「自動車輸送統計」、「内航船舶輸送統計」、「鉄道輸送統計」より、国土交通省環境政策課作成

図 3-1　輸送量当りの CO_2 排出量（貨物，2020 年度）

出所：国土交通省ホームページ（b）より

ていると思われる。自家用貨物車の値も同様である。

　ところで，筆者の記憶では，かつて営業用トラックから鉄道にシフトすると CO_2 排出量は 1/7〜1/8，内航海運にシフトすると 1/4 になるとされていたように思う。他の物流研究者に聞いても同様で，いつの間にかモーダルシフトの効果が大きくなっている，と口にする方が多い。

　そこで，かつての値はどうだったのか過去の資料を引っ張り出して見ると，2002〜03 年度のものとして表 3-1 があった。現在の値と比べて船舶と鉄道はさほど違いがない一方，営業用トラックは「営業用普通車」，「営業用小型車」[1]，「営業用軽自動車」に，自家用トラックは「自家用普通車」と「自家用小型車」に区分されている。このため図 3-1 と単純に比較することはできないが，表 3-1 では「鉄道」が「営業用普通車」の約 1/8，同じく「内

1　「小型車」は 5 ナンバーと同サイズの車両を指すため，大きくてもミニバン程度のものである。近距離輸送で使用することが多く，一般にはモーダルシフトの対象とはならない。

表 3-1　輸送機関別の輸送トンキロ当り CO_2 排出原単位
（2002〜03 年度）

区分		（gCO_2／トンキロ）
自動車	営業用普通車	173
	営業用小型車	808
	営業用軽自動車	1,951
	自家用普通車	394
	自家用小型車	3,443
鉄道		22
内航船舶		39
国内航空		1,490

注：普通車とは積載量 3 トン以上のもの。自動車は平成 14 年度，鉄道，内奥
　　船舶，国内航空は平成 15 年度のデータ。
出所：経済産業省・国土交通省，2007, p. II -53

航船舶」は約 1/4 の値となっており，筆者の記憶とほぼ合致する。

　では，なぜトラック輸送のトンキロ当り CO_2 排出量がこのように変わっ
てしまったのか，筆者なりに謎を解いていきたい。

　まず，CO_2 排出量の公式統計である GHG インベントリでは，表 3-1 のよ
うなトラックの車種区分はなく，貨物自動車からの CO_2 排出量は「営業用」
と「自家用」のみである[2]。表 3-1 の車種区分は自動車輸送統計で用いられ
ているもので，同統計ではかつて燃料消費量も併せて掲載されていたため，
表 3-1 はこれを使って算出されたと思われる。

　そこで，2002 年度（平成 14 年度）の自動車輸送統計をもとに，表 3-1 の
自動車の値を再現すべく算出したものが表 3-2 である。表中太枠で示した
とおり，「自家用」で若干の差があるものの営業用の 3 車種は完全に CO_2 排
出原単位（gCO_2/ トンキロ）が同じ値となった。

　もし，2002 年度当時の CO_2 排出原単位を現在（2020 年度）と同じように
GHG インベントリの排出量で算出したらどうなるだろうか。GHG インベ

2　自家用貨物自動車は，貨物輸送寄与と乗員輸送寄与に細分されている。

表 3-2　自動車輸送統計より算出した車種別 CO_2 排出原単位（2002 年度）

		単位	営業用			自家用	
			普通車	小型車	軽自動車	普通車	小型車
輸送トンキロ①		（百万トンキロ）	220,346	933	545	36,021	6,266
燃料消費量②	ガソリン	(kℓ)	2,667	24,714	458,292	63,346	2,819,078
	軽油	(kℓ)	14,564,863	265,720		5,349,769	5,731,964
CO_2 排出係数③	ガソリン	($kgCO_2/ℓ$)	2.32				
	軽油	($kgCO_2/ℓ$)	2.62				
CO_2 排出量④＝②×③	ガソリン	(tCO_2)	6,187	57,336	1,063,237	146,963	6,540,261
	軽油	(tCO_2)	38,159,941	696,186	0	14,016,395	15,017,746
	計	(tCO_2)	38,166,129	753,523	1,063,237	14,163,358	21,558,007
CO_2 排出原単位④÷①		（$gCO_2/$トンキロ）	173	808	1,951	393	3,440

注：軽油の CO_2 排出係数はその後改定され，2.58 となった。
出所：「自動車輸送統計」（国土交通省）をもとに筆者作成

ントリで 2002 年度の「貨物自動車／トラック　営業用」の排出量は，47,164 千 tCO_2 である。これを表 3-1 の営業用 3 車種の輸送トンキロの計である 221,824 百万トンキロで割ると，213$gCO_2/$トンキロとなり，図 3-1 の「営業用貨物車」（216$gCO_2/$トンキロ）とかなり近い値となる。

　以上より，2002 年度と 2020 年度でトラックのトンキロ当り CO_2 排出量が大きく変化したのは，算定の元となる CO_2 排出量のデータの出典を自動車輸送統計から GHG インベントリに変え，併せて営業用トラックの区分も変更したことが影響したと考えられる。統計調査に基づく指標は連続性が重要であり，データソースを変更したのにその説明がないことには首を傾げざるを得ない。ただ，あえて推し量るならば，2010 年より自動車輸送統計調査から燃料消費量が除外され，新たに自動車燃料消費量統計が新設された。燃料消費量のデータはこちらで示されるようになったが，自動車輸送統計の燃料消費量とは連続性がないので，CO_2 排出量の公式データである GHG インベントリを利用するようになったと推測できる。

　しかし，モーダルシフトの効果を意図的に大きく見せようとしている嫌疑

はまだ残る。自動車輸送統計は 2010 年度と 2017 年度に調査方法を変更しており，統計数値の連続性が担保されていない。このため，数値の連続性を図る観点から「接続係数」として，営業用普通車の輸送トンキロにおいては，2010 年度[3]に 0.653，2017 年度[4]に 1.189 が設定されている。よって，2009 年度以前の輸送トンキロの値を現在の値と揃えるには，この 2 つの係数の積である 0.7764 を 2009 年度以前の統計数値に乗じる必要がある。

　ここで取り上げているのはトンキロ当り CO_2 排出量なので，トンキロは分母になっているため，表 3-1 の営業用普通車の値（173gCO_2/ トンキロ）を 0.7764 で除すと，2002 年度の営業用普通車の原単位は 223gCO_2/ トンキロとなる。図 3-1 の 216gCO_2/ トンキロと 3％程度の差にとどまる。過去との連続性を重視するならば，逆に 216gCO_2/ トンキロに 0.7764 を乗じた 168gCO_2/ トンキロを 2020 年度の原単位として用いればよい。

　真実により近い営業用普通車の輸送トンキロを把握するには，より多くのサンプルで統計調査を行う以外に方法はなく，現時点で 223 がよいのか 168 がよいのかは判断がつきかねるところだが，1 つだけ言えるのは，この統計調査の変更によって生じたトラックの排出原単位の変化が，少なくとも国土交通省のモーダルシフトの説明ホームページでは言及されておらず，基本的には従前と何も変わっていないのに，モーダルシフトの効果だけがある年度から突然大きく示されたということである。

2

鉄道にシフトしてもトラックも使う： 原単位比較と実際の排出削減効果

　モーダルシフトの CO_2 排出削減効果に関しては，まだ別の問題がある。物流業界を多少なりとも知っている人の間では常識と言ってもよいのだが，仮にある貨物をトラック輸送から鉄道輸送に転換した場合でも，図 3-1 に

3　自動車輸送統計・自動車燃料消費量統計年報，第 49 巻第 13 号，平成 23 年度分，pp.36-37。

4　自動車輸送統計年報，第 59 巻第 13 号，令和 3 年度（2021 年度）分，p.46。

示されるトラックと鉄道のトンキロ当り CO_2 排出量の差と同等の効果は得られない。その理由は主に以下の2点である。

1点目は，モーダルシフト先となる鉄道コンテナ貨物の輸送は，鉄道だけで完結することはほぼなく，鉄道輸送の前後はトラック輸送，いわゆる「通運トラック」[5] が必要なことである。貨物用の鉄道引き込み線の多くが廃止された今日では，工場や倉庫と鉄道貨物駅間は通運トラックで輸送せざるを得ず，鉄道へのモーダルシフトを実施しても短距離のトラック輸送分の CO_2 が排出されることになる。つまり，ドア・ツー・ドアで CO_2 排出量を比較すれば，単純に図3-1のような 1/10 になることはない。これは船も同じで，発着港の前後の輸送はトラックが担う場合が多い。

2点目は，モーダルシフトの対象となるトラック輸送は，一般には長距離輸送である。短距離輸送では通運トラックとの積替えが頻発し非効率となるため，コンテナ貨物では短距離の輸送はあまり行われることはない。かつてモーダルシフトの進展度の指標として国が公表していた「モーダルシフト化率」は，500km 以上の貨物輸送を対象としていた[6]。このような長距離輸送では，トラックは大型車が使用されることが多い。小型トラックで何台にも分けて運ぶより，大型車で一度に運んだ方が人件費や燃料代が安価になるためである。そして，大型車の方が小型車よりも輸送トンキロ当りの CO_2 排出量は少なくなる。しかし，図3-1の「営業用貨物車」の原単位は，前記のとおり全車種をひとまとめにして算出された値である。つまり，大型トラックで長距離輸送されていた貨物を鉄道や船舶にモーダルシフトした場合，図3-1の $216gCO_2/$ トンキロよりも小さな原単位からの転換になるため，CO_2 排出削減効果もその分少なくなる。

---

5 「通運」とは鉄道利用運送のこと。通運業者は鉄道貨物のフォワーダーとして荷主にトラックと鉄道の一貫輸送サービスを提供する。
6 詳細は，モーダルシフト促進のための要因分析調査委員会（2007）を参照されたい。

3

モーダルシフトで使える船は限られている：
内航海運の原単位の問題

　内航海運（船舶）は，鉄道とともにモーダルシフト先となる輸送手段である。営業用トラックから内航海運へモーダルシフトした際のCO_2排出削減効果は，図3-1のとおり約1/5で，この値を見れば有力な排出削減対策として捉えられる。

　表3-3は，内航船舶輸送統計から輸送トンキロ当りのCO_2排出原単位を計算したもので，$42.3gCO_2$/トンキロという値は，図3-1の「船舶」（$43gCO_2$/トンキロ）とほぼ同じである。表3-3の対象船舶は，「貨物船」，「油送船」，「プッシャーバージ・台船」のすべてを含んでいるが，フェリーは旅客船扱いなのでこの統計の調査対象となっていない。よって，CO_2排出原単位もフェリー以外の内航貨物輸送を表すものである。

　内航海運による輸送は石油・石油製品，セメント・石灰石，鉄鋼，化学薬品といった素材系の品目が多く，トラック輸送からのモーダルシフトの受け皿として機能できるのは，コンテナ船と車両ごと船に積載可能なフェリー，RORO船である。コンテナ船は外国航路のフィーダー輸送も多いと思われるが，国内貨物も輸送されているので検討対象とする。先述のとおりフェリーはこの統計の対象外なので，一旦検討対象から外すこととする。

　同統計の「貨物船」[7]については，用途別で輸送量や燃料消費量の統計が公表されており，油送船，プッシャーバージ・台船も併せて営業用内航船のCO_2排出原単位を算出すると図3-2のとおりとなる。RORO船が他の船種の3倍程度の値となる。図3-1の「船舶」の$43gCO_2$/トンキロと比べても2倍以上であり，「営業用貨物車」（$216gCO_2$/トンキロ）との差もかなり縮まる。これより，トンキロ当りのCO_2排出原単位で比較すると，営業用トラックからRORO船にモーダルシフトした場合，削減できるのは1/2を少し下回る程度となる。

7　このほかの区分は，「油送船」と「プッシャーバージ・台船」。「貨物船」は図3-2の「自動車専用船」から「その他の貨物船」まで。

表 3-3　内航海運の燃料消費量，貨物輸送量，CO$_2$排出量と CO$_2$排出原単位（2020 年度）

		燃料種別（kℓ）				輸送トンキロ（千トンキロ）
		A 重油	B 重油	C 重油	計	
	営業用	855,957	139	1,389,675	2,245,771	153,428,834
	自家用	4,758	0	0	4,758	394,764
計		860,715	139	1,389,675	2,250,529	153,823,598
CO$_2$排出係数（tCO$_2$/kℓ）		2.71	3.00	3.00		
CO$_2$排出量（tCO$_2$）		2,332,538	417	4,169,025	6,501,980	
CO$_2$排出原単位（gCO$_2$/トンキロ）						42.3

注：CO$_2$排出係数は，環境省ホームページ（d）より。
出所：「内航船舶輸送統計」（国土交通省）より筆者作成

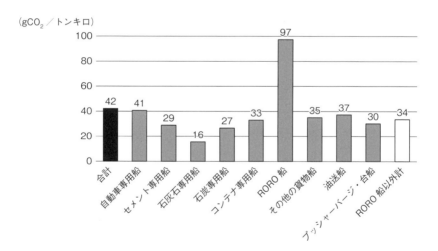

図 3-2　営業用内航船の用途別の CO$_2$排出原単位（2020 年度）
注：CO$_2$排出係数は，環境省ホームページ（d）より。
出所：「内航船舶輸送統計」（国土交通省）より筆者作成

フェリーに話を戻すと，モーダルシフト先として捉えられる長距離フェリーは，船内に車両を搭載する構造は基本的に RORO 船と同じと捉えてよいだろう。異なるのは，旅客も運搬するために諸々の設備やスペースがあるほか，乗用車などの旅客自動車も輸送することである。このため，1 隻のフェリーで使用する燃料を旅客輸送と貨物輸送に区分するのが難しく，統計でも把握されていない。GHG インベントリでは，「国内船舶」からの CO_2 排出量は旅客と貨物に分けて掲載されており，その元データである総合エネルギー統計は，交通関連統計資料集の「交通部門エネルギー消費実績」をもとに算定されているようだが[8]，一次統計の出典は不明である。貨物に関しては内航船舶輸送統計が出典となっており，同統計の燃料消費量から CO_2 排出量を計算すると，GHG インベントリの値とおおむね一致する。よって，フェリーの燃料消費量または CO_2 排出量のうち，貨物輸送に配分されているものはないと推測できる。

　いずれにせよ，国土交通省が示す「船舶」の CO_2 排出原単位は，フェリーを含むものではないこと，および貨物輸送に関してはフェリーと同構造の RORO 船は，この原単位の 2 倍以上の値となっていることを踏まえると，長距離フェリーへのモーダルシフト効果も RORO 船と同等と捉えるべきであろう。

4
鉄道は 1/3，RORO 船は排出増：
現実に近いモーダルシフト効果の算定

　以上より，モーダルシフトの CO_2 排出削減効果算定をより現実的にするには，以下のような条件・手法でモデルを設定し，計算することが求められよう。

① 比較対象は，営業用大型トラックとする。
② 鉄道も船舶も，前後のトラック輸送を加味する。

8　資源エネルギー庁（2018），p.101。

③ 船舶のトンキロ当り CO_2 排出原単位は，コンテナ専用船またはRORO
　船のものを使用する。

　詳細に調査・検討していくと，さらにいろいろと問題が出てきそうな気配
はあるが[9]，とりあえずは上記3点の改善を考えてみたい。まず①について
は，省エネ法で特定荷主に指定されている事業者がエネルギー使用量を算定
する「トンキロ法」または「燃費法」を用いればよい。これらは最大積載量
別にトラックの燃料消費量を算出できる。
　②については，①と同じ算定法で，鉄道・船舶の前後のトラック輸送の燃
料消費量が算出可能である。③は，図3-2のコンテナ専用船とRORO船の
原単位を使えばよい。
　算定する条件は，以下のように設定した（図3-3）。

イ）10tの貨物を輸送する。
ロ）トラックは「トンキロ法」を使用する。最大積載量10tで積載率

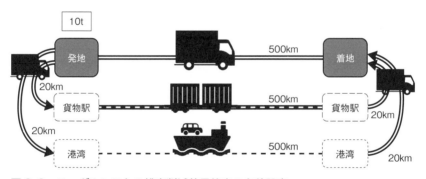

図3-3　モーダルシフトの排出削減効果算定の条件設定

9　筆者が裏付けを取れていないのだが，例えば，JR貨物の標準的な12ftコンテナでの
　貨物輸送量は，コンテナ内の貨物重量にかかわらず一律5tとカウントされている，
　と言う業界関係者や研究者がいる。また，私有コンテナの返回送も輸送重量に計上さ
　れているという話も聞くことがある。そうであれば鉄道貨物輸送量が過大に計上され
　ていることになり，鉄道の CO_2 排出原単位は過小になる。コンテナ専用船やRORO
　船も正味の貨物量ではなく，コンテナ本数や航送台数から貨物重量に換算しているか
　もしれない。

100%とする。

ハ）輸送距離は 500km とする。

ニ）鉄道・内航船は両端で 20km ずつトラック輸送を入れる。

なお，トラックの「トンキロ法」[10] は，2005 年の省エネ法改正時に公表された ものであるため，国土交通省の示すトラックの原単位が大きく変わった 2010 年度より前となる。よって，従前の原単位（表 3-1）を基準として捉える必要がある。

このような条件で CO_2 排出量を算定した結果，図 3-4 のとおりとなった。鉄道はトラックのほぼ 30％で，RORO 船はトラックよりも排出量が多い。ちなみに，この場合の輸送手段別トンキロ当り CO_2 排出原単位を比較すると，トラックは 94gCO_2/ トンキロ，RORO 船は 97gCO_2/ トンキロなので，前後のトラック輸送がなくても RORO 船へのモーダルシフトは CO_2 を増加させることとなる。

同じ条件で輸送距離を変えた場合，それぞれの輸送モードで CO_2 排出量がどうなるのかを表したのが，図 3-5 である。RORO 船に関しては原単位

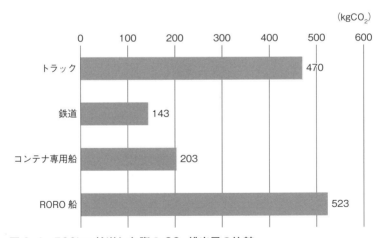

図 3-4　500km 輸送した際の CO_2 排出量の比較

10　「改良トンキロ法」とも呼ばれている。

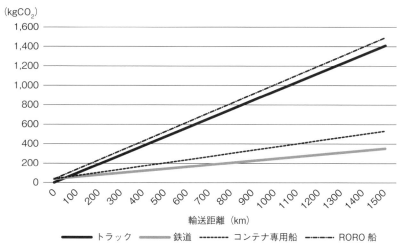

（kgCO₂）

輸送距離（km）

—— トラック　　—— 鉄道　　------ コンテナ専用船　　-·-·- RORO船

図 3-5　輸送距離とモード別 CO₂ 排出量

でトラックを上回っているため，長距離になっても CO₂ 排出量がトラック
より少なくなることはない。鉄道とコンテナ船は輸送距離とともに削減量は
大きくなる。

　以上のほか，個々のケースで見れば算定の条件が異なり，CO₂ 排出量も
変わってくるため，実際の条件を反映させて算定することが必要である。本
来は，全ての輸送モードで実測値に基づく評価を行うことが望ましいが，ト
ラック以外ではなかなか難しいであろうし，トラックも帰り荷利用の場合な
どは空車時との比較評価も 1 つの考え方になるだろう。ただ，国や業界団
体の排出削減計画など，様々な輸送形態をおしなべて評価する場合は，以上
のようにできる限り現実に近づけた上でのシミュレーション評価が求められ
る。

5

鉄道モーダルシフトで減らせるのはトラック輸送の誤差程度：
鉄道貨物のポテンシャル

モーダルシフト先となる鉄道貨物輸送は基本的にはコンテナ貨物なので，

ここでは JR 貨物によるコンテナ輸送がどの程度増やせるのか明らかにする。筆者はすでに同様の試算を行っているが（近江，2020），直近のデータを用いて改めて算定する。

「JR 貨物グループレポート 2020」には，図 3-6 のとおりコンテナ列車の積載率が掲載されていた[11]。年により増減はあるが，2015〜19 年度の平均は 75％なので，輸送余力はおよそ 25％となる。2021 年度の鉄道コンテナ輸送量は 16,537 百万トンキロ[12] なので，コンテナ列車を満載にした場合の輸送余力はその 25％の 5,512 百万トンキロになる。同年度の営業用トラック輸送量は 196,439 百万トンキロ[13] であるため，鉄道コンテナが受入れ可能な量はその 2.8％となる。

この 2.8％分の貨物すべてが営業用トラックから鉄道コンテナにモーダルシフトすると，前述（図 3-4）のとおり CO_2 排出量は 70％削減できるので，営業用トラック CO_2 排出量の 2.8％×70％，すなわち 1.96％が鉄道コンテナ

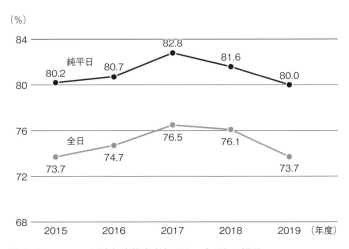

図 3-6　コンテナ列車積載率（純平日・全日）の推移

出所：JR 貨物，2021，p.62.

11　以後の年次の同レポートには見当たらない。
12　「鉄道輸送統計」（国土交通省）より。
13　「自動車輸送統計年報」（国土交通省）より。

へのモーダルシフトによって削減できることになる。

　この 1.96％あるいは 2.8％という数字をどのように捉えるかは人によって異なるだろうが，トラック輸送量の毎年の推移からは誤差の範囲である[14]。誤解のないように記しておきたいが，鉄道貨物へのモーダルシフト自体は決して無駄ではなく，取り組んだ分だけの排出削減は得られる。しかし，国全体の貨物輸送で見た場合は，現在のコンテナ貨物列車の輸送キャパシティが増えない限りこの数字を超えることは理論上不可能であり，トラック輸送全体から見ても極めて微小にとどまるため，CO_2 排出削減の多くを鉄道モーダルシフトに期待できないことは明白である。もし今後，鉄道モーダルシフトで統計の変化に表れる程度に CO_2 排出量を減らそうというのであれば，コンテナ貨物列車を増発するしかないが，実際にその兆しは見られていない。

6

船へのモーダルシフトでも CO_2 は減らせない：
船舶（内航海運）モーダルシフトのポテンシャル

　鉄道コンテナと同様に内航海運のモーダルシフトのポテンシャル推計を試みた。以下，フェリーと RORO 船のそれぞれについて，推計プロセスを整理する。

　まずフェリーについては，日本長距離フェリー協会（2022）より，各航路の距離，就航船舶のトラック積載台数，運航頻度をもとに年間の能力台キロを計算すると 609 百万台キロとなった。これは，2020 年度の自動車航送台キロ（トラック）の実績値である 880 百万台キロ[15] よりも小さくなり，能力台キロ（最大輸送可能量）が実績値よりも少ないという矛盾が生まれる。後者が離島航路や短距離航路を含んでいるとの解釈は可能だが，いずれにせよ航送トラックの車種が全く不明で積載貨物が平均何トンあるのかが分から

14　貨物営業用自動車の輸送トンキロの目標精度は標準誤差率 5％以内とある（自動車輸送統計年報，令和 3 年度（2021 年度）分，pp. Ⅱ‐Ⅲ）。

15　国土交通省ホームページ（c）。

ず，台キロをトラック輸送量の単位であるトンキロに換算できない。よって，これらフェリー輸送量の数値を用いた推計はほぼ不可能である。

コンテナ専用船，RORO 船については，内航船舶輸送統計年報に「輸送効率」[16] が掲載されており，それぞれ 45.3%，25.3%（2020 年度）となっている。比較対象として，2020 年度の営業用トラックについて同様に算出すると 38.2% となる[17]。一般にトラックの方が容積勝ち貨物[18] を多く輸送していると捉えられ，RORO 船の積載率は低すぎると思われるものの，この輸送効率の値を用いて営業用トラックの輸送トンキロをどれだけ受け入れることが可能なのかを算出した（表 3-4）。コンテナ船ではごくわずかにとどまり鉄道コンテナと同様に誤差の範囲となる一方，RORO 船ではかなりのトラック輸送貨物を引き受けることができる。ただし，前述のとおり RORO 船では CO_2 排出を減らせない。

表 3-4　コンテナ専用船・RORO 船のモーダルシフト受け皿の可能性

	単位	コンテナ専用船	RORO 船	計	営業用トラック
トンキロ	千トンキロ	3,345,157	20,769,296	24,114,453	186,998,510
載貨重量トンキロ（船舶）	千トンキロ	7,390,318	82,027,120	89,417,438	490,130,770
能力トンキロ（トラック）					
輸送効率／積載率		45.3%	25.3%	27.0%	38.2%
未積載トンキロ	千トンキロ	4,045,161	61,257,824	65,302,985	
営業用トラック実績比		2.2%	32.8%	34.9%	

注：数値はいずれも 2020 年度。
出所：「内航船舶輸送統計年報」，「自動車輸送統計年報」（いずれも国土交通省）より筆者作成

16　「第 15 表　貨物船用途別，油種別燃料消費量（営業用）」より，「トンキロ」÷「載荷重量トンキロ」の商。
17　自動車輸送統計年報，令和 2 年度（2020 年度）分より。
18　貨物を積み込んでいった際に，重量より先に容積で満載になるような軽くてかさばる貨物のこと。逆は重量勝ち。

7

個々の取り組みはリアルな算定で 政策は国全体の視点を：
モーダルシフトでどれだけ CO_2 を削減できるのか

　以上より，国内貨物輸送のモーダルシフトについては，CO_2 排出削減効果が得られるのは，鉄道とコンテナ専用船への転換であるが，トンキロ当りの排出原単位と同等の削減効果がある訳ではなく，鉄道では 1/3，コンテナ専用船では 4 割程度の排出量となり，RORO 船では逆に排出増となる（図3-5）。ただし，JR 貨物が使用する電力を再エネ電力に転換できるのであれば，少なくとも電化区間の鉄道輸送分は排出ゼロとなるので，削減効果はかなり大きくなる。

　また，現在の輸送のキャパシティでは，鉄道，コンテナ専用船ともに営業用トラックの輸送トンキロの誤差程度しか見込まれず，多くを期待できるものではない。一方，RORO 船はそれなりのトラック貨物の受け皿となるが，CO_2 排出量はトラックよりも増える可能性が高い。フェリーも船の構造がRORO 船に近いため，CO_2 排出が削減できるかはかなり怪しい。

　よって，貨物列車や内航コンテナ船を大幅に増便するなどの対策を行わない限り，国全体の CO_2 排出削減対策としてモーダルシフトは有意な成果を得られないと言える。ただし，個々の企業の貨物のモーダルシフトについては，図 3-3 のように条件を実態に近付けてビフォー・アフターを比較すれば，CO_2 が減らせるかどうかが判明する。また，フェリー，RORO 船へのモーダルシフトも道路交通量削減や労働力不足の観点からは別な評価になることは，付記しておきたい。

8

補論：船舶・飛行機の対策

　本章のテーマであるモーダルシフトとは直接関係ないものの，船舶と飛行機の CO_2 排出削減対策について，近年の動向を簡潔に取り上げたい。国内輸送における船舶・航空からの CO_2 排出割合は小さいが，日本で給油する

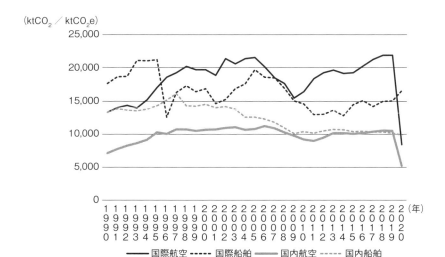

(ktCO$_2$／ktCO$_2$e)

——— 国際航空　----- 国際船舶　——— 国内航空　----- 国内船舶

図 3-7　船舶・航空の CO$_2$ 排出量

注：国際は CH$_4$ と N$_2$O の排出も含む
出所：GHG インベントリより作成

　国際バンカー油（国際航路向け燃料）起源の GHG 排出量[19] は，国内排出量と比較すると船舶で 147％，航空で 209％ となる（2019 年度 GHG インベントリ[20]）。日本を含む先進国は経済活動の多くが輸出入に関連しているため，国際バンカー油からの排出においても国際的な責任があり，積極的な排出削減に取り組む必要がある。

　2018 年においての世界の人為的 CO$_2$ 排出量のうち，2.89％ が船舶からの排出量となっている（IMO, 2021, pp.1-2）。国際船舶については，国連の専門機関である国際海事機関（International Maritime Organization：IMO）が海洋環境保護委員会において "Initial IMO Strategy on Reduction of GHG Emissions from Ships（IMO 第一次船舶 GHG 排出削減戦略）" を 2018 年に策定した。この中で，国際海上輸送からの CO$_2$ 排出量は 2012 年から 2050 年までに 50％〜250％ の増加が見込まれているとし（第 1 条 6），国際海上

19　国際バンカー油の GHG 排出量には，CH$_4$ と N$_2$O を含む。
20　2020 年度はコロナ禍の影響で旅客航空輸送が大きく落ち込んだため，その前の 2019
　　年度で比較した。

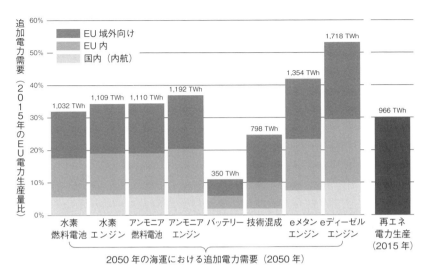

図 3-8　EU 船舶の再エネ電力需要の見込み

出所：T&E, 2018, p.15

輸送からの GHG 総排出量を 2008 年比で 2050 年までに少なくとも 50％削減することを定めている（第 3 条 1）。これに基づいて船舶の燃費規制等が導入されているが[21]，技術的な見通しが立っているとは言い難い状況である。

　図 3-8 は，ベルギーの NPO である T&E による EU 船舶に関する見通しで，2050 年に船舶燃料が何らかの再エネ由来の燃料・エネルギーに転換した場合，それぞれどれくらいの電力需要が発生するかについて示している。右端の再エネ電力量が 2015 年とやや古く現在までに上積みがあるとしても，「バッテリー」と「技術混成」以外は再エネ電力生産を上回る電力需要が発生する。バッテリーのエネルギー効率は優れているものの，すべてバッテリー船にすることは現実的ではなく，大型船では液化水素かアンモニアが望ましいとしている（T&E, 2018）。

　いずれにせよ，すべてを再エネ電力で賄おうとすれば再エネ発電の相当な拡大が必要で，時間も要すると思われる。カーボンバジェットの取崩しを少

21　国土交通省報道発表資料（2021 年 6 月 18 日）。

しでも減らすため，運航方法の改善など即効性ある省エネ対策や船舶の低燃費化も含めて取り組むことが求められる。

　なお IMO では，今後の燃料・エネルギー転換に向けて燃料の LCA ガイドラインの策定を進めており，自動車の WTW と同様に WTW（最後の W は Wake：航跡）[22] での評価を目指している。

　航空については，世界の CO_2 排出量のうち 2% が航空から排出されており，1.3% 分が国際航空からの排出となっている[23]。

　航空からの排出削減策としては，機材の改良や管制の高度化による燃料節約などがあるが，正味で CO_2 排出がない燃料として SAF（Sustainable Aviation Fuel）が注目されている。SAF は在来のジェット機で使用でき，主にバイオマスを原料に製造するので燃焼してもカーボンニュートラルと見なされる。

　SAF は特定の製品や化学組成を指している訳ではなく，カーボンニュートラルでジェット燃料に混合可能な燃料全般に対する呼称である。アメリカ

表 3-5　SAF の規格分類と混合率

ASTM D7566	製造技術	従来の燃料との混合上限	原料
Annex1	Fischer-Tropsch 法により精製される合成パラフィンケロシン（FT-SPK）	50%	有機物全般
Annex2	植物油等の水素処理により精製される合成パラフィンケロシン（Bio-SPK 又は HEFA）	50%	生物系油脂
Annex3	発酵水素化処理糖類由来のイソ・パラフィン（SIP）	10%	バイオマス糖
Annex4	非化石資源由来の芳香族をアルキル化した合成ケロシン（SPK/A）	50%	有機物全般
Annex5	アルコール・ジェット由来の合成パラフィンケロシン（ATJ-SPK）	50%	バイオマス糖紙ゴミ
Annex6	Catalytic Hydrothermolysis Jet（CHJ）	50%	生物系油脂
Annex7	Hydorocarbon-HEFA（HC-HEFA）	10%	微細藻類

22　IMO ホームページ。
23　ICAO ホームページ。

の規格団体である ASTM は，表 3-5 のように SAF の混合率を定めている。混合率は最大のもので 50％となっているので，現在のところ 50％以上の排出削減はできない状況である。100％SAF での試験運航も 2022 年には行われており[24] 今後の拡大が期待されるところだが，国土交通省（2021b）によれば SAF の本格導入は 2030 年以降となっており，こちらもカーボンバジェットを踏まえると非常に厳しい見通しと言わざるを得ない。

24 ATR ホームページ。

コラム 2

政府も効果を認めていない～モーダルシフトの効果分析～

　総合エネルギー統計の公表に伴い，貨物輸送のエネルギー消費増減において類似の要因分解が示されている（図表 C2-1）。この算出法は不明であるが，輸送手段の変化を表す「分担率要因」（図表 C2-1 の注記を参照）が組み込まれており，モーダルシフトの効果を明確に捉えることができる。図表 C2-1 は前年度比の動きとなっているためややわかりにくいが，基準年（ここでは 2004 年度）に対する各年度の変化でグラフを描くと，図表 C2-2 のとおりとなる。エネルギー消費量は概ね減少傾向にあるものの，「分担率要因」はすべての年度において上方に伸びていることから，エネルギー消費量を増加させる要因として作用している。つまり輸送手段の転換がエネルギー消費を増加させるという，モーダルシフトとは逆の現象が起きていることを，政府作成資料が示していることになる。

図表 C2-1　貨物部門の最終エネルギー消費増減の要因分解（前年度比）

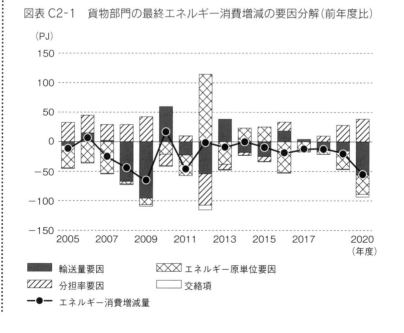

（PJ）

150

100

50

0

−50

−100

−150

2005　　　2007　　　2009　　　2011　　　2013　　　2015　　　2017　　　2020
（年度）

■■ 輸送量要因　　　　▨▨ エネルギー原単位要因
▨▨ 分担率要因　　　　□ 交絡項
●─ エネルギー消費増減量

90

（単位：PJ）

年度	エネルギー消費増減量	輸送量要因	エネルギー原単位要因	分担率要因
2005	−13	−7	−38	32
2006	9	15	−35	30
2007	−26	2	−53	27
2008	−44	−67	−4	29
2009	−67	−95	−11	42
2010	18	60	−21	−19
2011	−47	−22	−35	10
2012	−1	−54	114	−53
2013	−10	38	−38	−9
2014	0	−18	23	−5
2015	−9	−25	25	−8
2016	−20	18	−52	15
2017	−13	4	−15	−2
2018	−12	−15	−6	10
2019	−19	−16	−30	28
2020	−55	−56	−33	38

・輸送量要因とは，輸送量の変化を要因とするもの。輸送量が増加するとエネルギー消費量の増加寄与となる。

・分担率要因とは，輸送構造の変化すなわち各輸送機関（自動車，鉄道，船舶，航空）の分担率の変化を要因とするもの。輸送量がエネルギー効率の良い機関からエネルギー効率の悪い機関にシフトするとエネルギー消費量の増加寄与となる。

・原単位要因とは，輸送量1単位当たりのエネルギー消費量の変化を要因とするもの。自動車燃費の向上や輸送の効率化はエネルギー消費量の減少寄与となる。

出所：資源エネルギー庁，2022，p.25

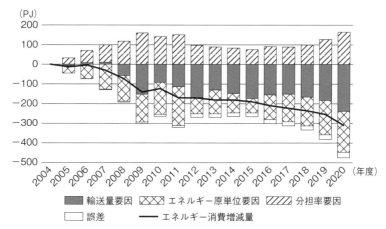

図表 C2-2　貨物部門の最終エネルギー消費増減の要因分解（2004 年度比）

出所：図表 C2-1 のデータをもとに作成

第4章

トラックで CO_2 を
削減する可能性
―排出削減対策の有効性と問題点

　貨物輸送に使用しているエネルギーの大半は，石油製品をはじめとする液体燃料である。中でも貨物自動車（トラック）による軽油・ガソリンの消費は非常に多く，ここでの脱炭素化が重要である。

　トラックの脱炭素化は，基本的には燃料・エネルギーの脱化石燃料と捉えて問題ないだろう。ただし，第2章第2節で触れたとおり，車両から CO_2 排出だけでなくエネルギーのサプライチェーンでどれだけの排出があるのかをしっかり捕捉する必要がある。Well-to-Wheel 評価が求められる理由がここにある。

1
燃費基準で CO_2 は減らせたのか：
トラックの低燃費化

　自動車の低燃費化は，京都議定書目標達成計画（2005年），2つの地球温暖化対策計画（2015年，2021年）のいずれにおいても，運輸部門の対策として最大の排出削減量が見込まれていた対策である。これらの燃費基準は原則として新車に対して課せられるため，古い車両から完全に代替するまでに長期間を要する一方，すべての車両が対象となるために排出削減の効果は非常に大きく現れる。

　車両総重量3.5t超の自動車に対する燃費規制は，いわゆる「重量車燃費

基準」としてこれまで2回導入されており，車両総重量が 3.5t 以下のトラックに対しては別途小型車を対象とした規制が複数回導入されている。これらの燃費基準は，省エネ法の告示として示され，「トップランナー基準」として位置づけられている[1]。ここでは，トラックの燃料消費の大半を占める重量車の燃費基準について取り上げる。

1.1 2006 年度の重量車燃費基準

車両総重量 3.5t 超の自動車に対する燃費基準は，2006 年に初めて設定された。主にはトラックとバスが対象となり，それぞれの車種別，総重量別等のカテゴリーで，2015 年度を目標年度とする燃費値が定められた。表 4-1[2] は，トラックとトラクタ[3] の燃費基準値で，2015 年度を目標に，2002 年度実績より全体で 12.2％の改善を目指すものとなっている。

表 4-1　2006 年度の重量車燃費基準（貨物自動車）

	2002 年度実績値	2015 年度推定値	燃費改善率
トラクタ以外	6.56（km/ℓ）	7.36（km/ℓ）	12.20%
トラクタ	2.67（km/ℓ）	2.93（km/ℓ）	9.70%
全体	6.32（km/ℓ）	7.09（km/ℓ）	12.20%

出所：総合資源エネルギー調査会省エネルギー基準部会重量車判断基準小委員会・重量車燃費基準検討会，2005, p.3

この基準の達成状況については，審議会資料として表 4-2 のとおり示された。トラクタの1区分のみ達成できなかったものの，出荷台数があまり多くはなく，貨物自動車全体では概ね良好な達成状況と言える。一方，バスの達成状況はあまりよくない。これについて同審議会の資料では「トラックほど開発コストが投資されていないこと，モデルチェンジが想定よりも遅れており，旧型車両が混在していることが主要な理由」[4] と記されている[5]。

1　トップランナー基準については，資源エネルギー庁ホームページを参照されたい。
2　この表の出典は審議会の取りまとめ文書だが，内容はそのまま省エネ法告示になっている。分かりやすい表なので告示公布前のものから引用した。
3　トレーラーをけん引する動力車両のこと。

表 4-2　2005 年重量車燃費基準の達成状況

「トラック等・トラクタ（全社平均）」

区分		目標基準値 (km/ℓ)	2015年度平均値 (km/ℓ)	出荷台数 (台)
トラック等	T1	10.83	11.60	9,066
	T2	10.35	10.82	52,984
	T3	9.51	9.96	30,887
	T4	8.12	8.31	7,362
	T5	7.24	7.41	45,985
	T6	6.52	6.73	302
	T7	6.00	6.08	2,931
	T8	5.69	5.81	5,135
	T9	4.97	5.05	709
	T10	4.15	4.20	9,420
	T11	4.04	4.18	27,777
トラクタ	TT1	3.09	3.20	7,504
	TT2	2.01	1.97	1,082

「バス（全社平均）」

区分		目標基準値 (km/ℓ)	2015年度平均値 (km/ℓ)	出荷台数 (台)
路線バス	BR1	6.97	6.62	210
	BR2	9.30	6.08	191
	BR3	5.77	5.60	342
	BR4	5.14	4.98	301
	BR5	4.23	4.44	1,193
一般バス	B1	9.04	9.28	4,410
	B2	6.52	7.46	10
	B3	6.37	5.89	144
	B4	5.70	5.26	462
	B5	5.21	4.74	120
	B6	4.06	4.77	2,047
	B7	3.57	4.12	659

注：網掛けは目標燃費未達成

出所：総合資源エネルギー調査会省エネルギー・新エネルギー分科会省エネルギー小委員会自動車判断基準ワーキンググループ・交通政策審議会陸上交通分科会自動車部会自動車燃費基準小委員会 合同会議, 2016, p.9 より

1.2　2019 年度の重量車燃費基準

　2006 年度重量車燃費基準の目標年度である 2015 年度が過ぎたことを受けて，2017 年には 2025 年度を目標とする新たな重量車燃費基準が設けられ，2019 年に導入された。基本的には 2006 年度と同じ車両区分でそれぞれ目標

4　総合資源エネルギー調査会省エネルギー・新エネルギー分科会省エネルギー小委員会自動車判断基準ワーキンググループ・交通政策審議会陸上交通分科会自動車部会自動車燃費基準小委員会 合同会議, 2016, p.11。

5　製造事業者ごとの達成状況に関しては，達成区分における超過達成成分の合計の半分を未達成区分の未達成成分と相殺ができる「ハーフクレジット」の活用により全社が達成したとされている。

表 4-3　2019 年度の重量車燃費基準（貨物自動車）

自動車の種別	現行（2015 年度）基準値（km/ℓ）	新（2025 年度）基準値（km/ℓ）	現行基準との比較
トラック等	7.10	8.13	14.5％の基準強化
トラクタ	2.84	2.94	3.7の基準強化
全体	6.72	7.63	13.4％の基準評価

出所：総合資源エネルギー調査会省エネルギー・新エネルギー分科会省エネルギー小委員会自動車判断基準ワーキンググループ・交通政策審議会陸上交通分科会自動車部会自動車燃費基準小委員会 合同会議, 2017, p.9

とする基準燃費が設定されており，全体としては表 4-3 のとおりである。なお，表 4-1 よりも 2015 年度の燃費値が悪化しているのは，燃費測定モードが変わったためと推測される。

1.3　走行燃費の推移

以上見てきたとおり，これまで 2 回の重量車燃費基準が導入されてきている。表 4-1 では 2002 年度から 15 年度までに 12.2％の改善，表 4-3 では 2015 年度から 25 年度までに 13.4％の改善を目論んでいる。この 2 つの改善率から，2002〜25 年度の間で約 24％の燃費改善が得られるはずである。これらは新車に対する規制なので，既存車も含む実走行燃費とはタイムラグがあり，CO_2 排出削減を目指すならば実走行燃費との関係を踏まえた基準値の設定を行う必要がある。

図 4-1 は，自動車燃料消費量統計から軽油トラックの営業用・自家用別の実走行燃費値を算出したものである。2010 年度は統計上の連続性が担保されていない[6]ためやや大きく変化している車種もあるが，全体的な燃費改善の傾向は見られない。重量車燃費基準が導入された 2006 年までさかのぼれないものの，1 回目の目標年と 2 回目の基準年である 2015 年度前後数年ずつを見ても，実績ベースでの燃費の変化が把握できない。

一般に，トラックは乗用車よりも車両寿命が長く，廃車になるまでおおよ

6　2010 年度は自動車輸送統計との接続値を用いた値。詳細は自動車輸送統計年報および燃料消費量統計年報を参照されたい。

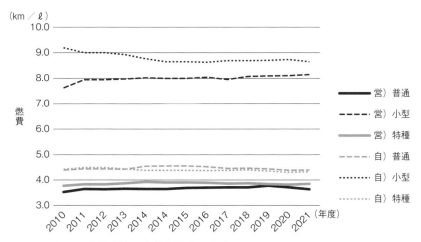

図 4-1　トラック（軽油）の実走行燃費の推移

出所：「自動車燃料消費量統計」（国土交通省）より筆者作成

そ 15 年程度である。このため，新車に対する燃費基準の改善率に相当する
効果が実走行燃費に現れるまで，単純に考えれば 15 年かかることになる。
よって，2015 年度を目標とする 1 回目の燃費基準の改善率（12.2％）は
2030 年度にようやく実燃費で達成されると考えても，理論上は問題ない。

　このことから，図 4-1 を見て燃費基準の効果が表れていないと断じるの
は早計であるが，少なくとも現在までのところは目立った効果が見られな
い。地球温暖化対策計画でも大きな排出削減が見込まれている対策[7]ではあ
るが，不確実性があることに留意しておく必要がある。また，カーボンバ
ジェットと効果発現までのタイムラグを踏まえて，目標年次と燃費基準値を
設定することが求められる。

7　詳細は第 5 章を参照。

2
個々のケースで大きく変わる：
共同輸配送による排出削減

　共同輸配送は，複数の荷主の貨物を集約したり，トラック事業者間で連携して相互の貨物を共同で輸送したりするような取り組みを指す。ごく一般的には図 4-2 のようなものがあるが，トラック容量や集荷・納品時間の調整が可能であれば，図中の「共同化施設」のような拠点を設置せずとも，より少ないトラックで貨物を輸送できる。

　これまで共同輸配送が実施されてきた事例では，CO_2 排出削減よりも物流コストの削減や道路混雑，駐車車両対策などの目的がメインで，取り組み主体も荷主または着荷主主導であったといえる。共同輸配送は，トラックの運行を減らす取り組みであるため，一般にトラック事業者の運賃収入は減少する。ただし，近年ではトラックドライバーの不足に伴い輸送効率化が求められるようになっている。異業種の荷主が連携して相互の帰り荷で補完し合うような事例も散見される[8]。

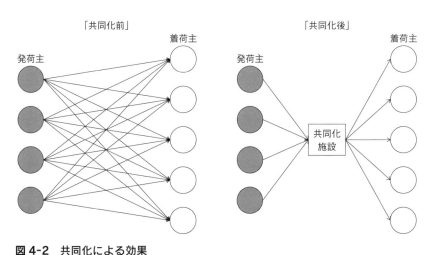

図 4-2　共同化による効果

出所：齊藤・矢野・林，2020, p.229.

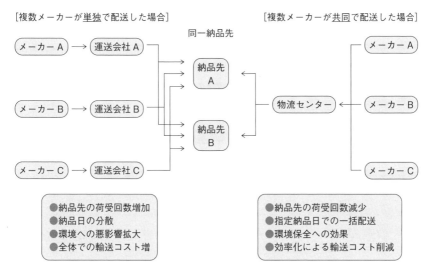

[複数メーカーが単独で配送した場合]　　　　　　　　　　[複数メーカーが共同で配送した場合]

同一納品先

●納品先の荷受回数増加
●納品日の分散
●環境への悪影響拡大
●全体での輸送コスト増

●納品先の荷受回数減少
●指定納品日での一括配送
●環境保全への効果
●効率化による輸送コスト削減

図 4-3　メーカーによる共同配送（Ｆ－ＬＩＮＥ）
出所：Ｆ－ＬＩＮＥ㈱ホームページをもとに作成

　図 4-3 は，加工食品メーカーの物流子会社が事業統合して設立されたＦ－ＬＩＮＥによる共同輸配送の概念図である。加工食品は，競合企業同士でも納品先が同一である場合が多いため，このような連携が可能になったと考えられる。

　これら共同輸配送の取り組みは，トラックの運行が減少するので通常はCO_2排出量も減少する。ただその削減率は個々の取り組みによって多様であり，一概に捉えられるものではない。正確に把握するならば，実施前後の燃料消費量を計測する必要があるが，事前にシミュレーションする場合は，トラックの燃料消費量を求めるのに積載率を反映できる「トンキロ法」[9]を用いることができる。

　経済産業省・国土交通省（2016）では，1）幹線輸送（500km）の共同化，2）共同配送センター設置による共同化，3）物流拠点の再配置，4）車

8　例えば，武山（2018）など。
9　省エネ法において，特定荷主がトラック輸送によるエネルギー消費量を算定する手法としてさだめられたものの１つ。「改良トンキロ法」とも呼ばれている。

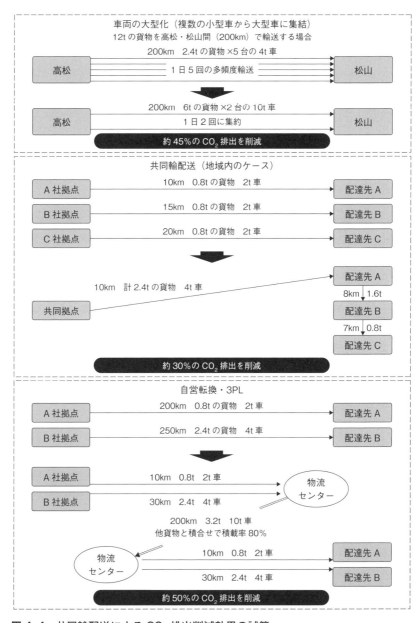

図 4-4　共同輸配送による CO_2 排出削減効果の試算

出所：徳島県トラック協会ほか，2006, pp.10-11

両の大型化のそれぞれについて，どの程度のCO_2排出削減効果があるのか
を試算しており，1）〜4）それぞれ37.6％，72.6％，14.2％，38.9％，
73.1％という結果が示されている（pp.76-85.）。このように条件設定によっ
て削減率は大きく変動する可能性があるため，同様の取り組みを実施しても
同等の排出削減効果が得られる保証はない。あくまで参考程度と捉えるのが
無難だろう。

　筆者もかつて受託調査業務で図4-4のような試算を行った。条件設定は
異なるがトンキロ法を用いたため経済産業省・国土交通省（2016）と算定
法は同一である。

　この図においても，CO_2の排出削減率は約30〜50％と一様でないことが
分かる。また，空車走行時の燃料消費も含めれば，削減率はさらに変わって
くる。そのため，CO_2排出削減を目的に共同輸配送を実施する際には，取
り組み前後の輸送形態からトンキロ法などで排出量を算定し，どの程度削減
できるのかを予め試算することが求められよう。

3

次世代の車をどう評価するか：
トラックの燃料・エネルギー転換

　トラックからのCO_2排出削減対策としては，バイオ燃料や電動化，ある
いは燃料電池車による水素の利用などが多く取り上げられるが，それ以外の
技術も含めて近い将来に広く普及する見通しが立っているものは，現段階で
はないと言える。また，第2章で整理したとおり，車両からの排出だけで
評価するのではなく，燃料・エネルギーのWTW評価の視点で見ていくこ
とが必要である。

　ここでは，まずWTWの視点で自動車の主な燃料・エネルギー転換対策
を整理した上で，トラックにおけるCO_2削減ポテンシャルや課題等を検討
していく。なお，電気自動車や水素に関して発電方法に言及するところがあ
るが，ここでは原子力発電は検討対象外とする[10]。

3.1 自動車のエネルギーフローと CO_2 排出

　現在走行している自動車の燃料は，ガソリン，軽油（ディーゼル）が大半であり，一部で圧縮天然ガス（CNG）と液化石油ガス（LPG）が化石燃料由来の燃料として使用されている。近年は電気自動車（EV）も普及の兆しを見せており，電気も水素とともに脱炭素社会の輸送用エネルギーとして期待されている。

　第2章で取り上げた WTW の視点で，これら自動車用燃料・エネルギーとそれぞれの CO_2 排出は図4-5〜図4-7 のとおりに表現できよう。ただし，WTW 評価で必要な天然資源採掘時や輸送時などの CO_2 排出は省略していることに留意していただきたい。

　まず図4-5 は，化石燃料を使用する在来車のエネルギーフローと CO_2 排

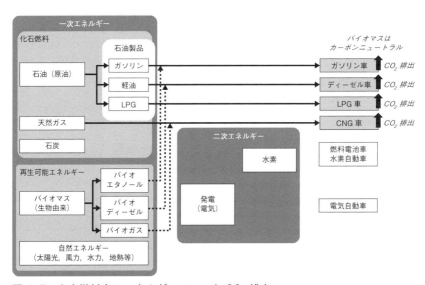

図 4-5　在来燃料車のエネルギーフローと CO_2 排出

10　筆者は，福島第一原子力発電所の事故に関して，未だに帰還困難区域や居住制限区域があること，放射能を含んだ処理水が貯留されていることなどから，本書執筆時点ではまだ事故処理が終了していないと捉えている。今後原子力発電を進めるか否かに関しては，この事故処理と核廃棄物の処分問題の見通しが立った上で，すべてのリスクとコスト，社会的影響や倫理的側面も踏まえて判断する必要があると考えている。倫理面に関しては，安全なエネルギー供給に関する倫理委員会（2013）が参考になる。

出を表している。ガソリン，軽油，LPGはそれぞれ石油を原料として製造され，自動車のエンジンで燃焼することでCO_2を排出する。CNG車は天然ガスが燃料となるので石油系の燃料とは異なる供給経路を辿るが，化石燃料を使用することでは石油系と同様と捉えてよい。

　LPG車以外のこれらの車両では，バイオマス由来の燃料も使用することができる。図4-5の左下にあるバイオエタノールはガソリン車[11]，バイオディーゼルは軽油に代替するのでディーゼル車，バイオガスはCNG車の燃料となる。いずれも車両からCO_2は排出されるが，バイオマスは再生産される際に大気中からCO_2を吸収するため，実質的にはCO_2を排出しないと見なされる。よって，CO_2排出削減対策としてバイオ燃料は位置づけられるが，後述するとおり普及は進んでおらず，将来的なポテンシャルもあるとは言い難い。

　次に，水素を自動車に使用する場合が図4-6である。水素は車両のエンジンで燃焼させても空気中の酸素と反応して水を排出するだけでCO_2は発

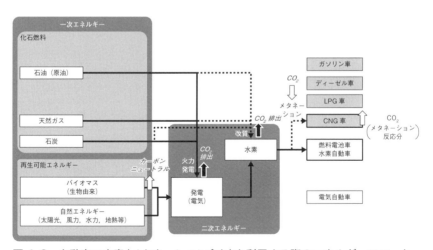

図4-6　自動車で水素（メタネーション含む）を利用する際のエネルギーフローとCO_2排出

11　実際には一定の割合をガソリンと混和して使用されることが多い。

生しない。燃料電池も水素と酸素を反応させて発電するため，同じく水を排出するだけである。ただし，水素は水素分子（H_2）の状態で自然界に存在しておらず，別なものを原料として製造する必要があるため，電気と同じく二次エネルギーとしての位置づけになる。

　水素の製造法は主に2とおりある。1つは，水を電気分解して製造する方法で，使用する電力の発電法によって，水素のWTWのCO_2排出量は大きく変わる。火力発電であれば，化石燃料を燃焼させるのでCO_2を排出するが，自然エネルギーでは排出しない。バイオマスは排出するもののカーボンニュートラルと見なされる。もう1つは，化学反応によって天然資源から水素を取り出す方法で，「改質」と呼ばれている。改質は化石燃料と水蒸気を反応させるのだが，その際に化石燃料を燃焼させるのと同じ量だけCO_2が発生する。

　よって，化石燃料を用いた水素製造は，電気分解でも改質でもCO_2を排出する。どちらが効率的かは第2章の図2-7が参考になる。いずれにせよ，それなりの量のCO_2をどこかで排出することになる。一方，再生可能エネルギーで発電した電力で電気分解して水素を製造する場合は，CO_2を排出

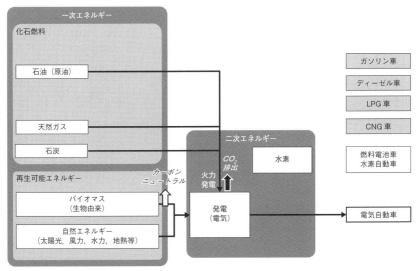

図4-7　電気自動車（EV）を利用する際のエネルギーフローとCO_2排出

しない経路を辿る。いわゆるグリーン水素である[12]。

　また，水素からメタンを製造する「メタネーション」という技術もある。メタンは天然ガスの主成分であるため在来の CNG 車で使用できる。この場合，メタン（CH_4）は水素と CO_2 を反応させて作るため，その CO_2 の由来がどこであるかによって WTW での CO_2 排出が変わってくる。メタネーションで WTW 排出ゼロとするならば，バイオマス発電等の CO_2 を利用することが望ましい。化石燃料由来の CO_2 利用の場合はその CO_2 排出の計上をどこにするのか予め取り決めておく必要がある。

　電気自動車（EV）を使用する場合は，図 4-7 のとおりとなる。EV の車両から CO_2 は排出されないが，使用する電気の発電方法によって WTW での CO_2 排出は大きく異なる。化石燃料による火力発電の場合は，当然ながら発電所で CO_2 を排出する。一方，再生可能エネルギーで発電する場合は，基本的には排出ゼロとなる。よって充電ステーションの電気がどこで発電されているかで CO_2 排出が変わり，家庭用・自家用充電器で充電する場合は再エネ電力を契約するか否かで大きく変わる。

　以上までのようなエネルギーフローと CO_2 排出の関係を踏まえ，貨物輸送で主力となっているディーゼル車（軽油）からの代替として選択肢となり得るエネルギーについて検討していく。

3.2　バイオ燃料

　図 4-5 にあるとおり，軽油の代替となるバイオ燃料はバイオディーゼル（Bio Diesel Fuel：BDF）である。BDF はかつて菜種油などからも作られていたが，現在は主に廃食用油からの製造である。広く流通しておらず地域的に製造されているケースがほとんどで，各地域で飲食店等より回収した食用油を用いて製造し，自家用車や地域の運送事業者が使用している。

12　環境イノベーション情報機構が運営する「EIC ネット」の「環境用語集」の「水素の色」では，「水素自体は常温で無色の気体であるが，化石燃料や水の電気分解等様々な原料から製造することができるため，製造方法に応じて色で区分することが一般に行われている。しかし，各色による区分について，国際的に合意された明確な定義があるわけではないため，IEA では混乱を避けるために使用していない」とあるため，本書でも基本的には水素のカラー呼称は使用しないこととする。

BDF は，既存のディーゼル車で使用できるのが最大のメリットであり，製造プラントへの設備投資と，廃食用油の回収以外は目立った費用は掛からない。筆者がかつてヒアリングした事業者では，通常の軽油よりも粘度が高く，エンジンフィルターの交換がやや頻繁になるという話を聞いたが，特段の支障はないとのことだった。

BDF は，技術的にはかなり前から普及段階にあるものの，供給ポテンシャルはあまり高くない。現在の主原料である食用油については，2021 年度の生産量が 167 万 t である[13] のに対し，国内の貨物自動車による軽油消費量は 2126 万 t，営業用だけでも 1428 万 t であり[14]，国内で使用されているすべての食用油を回収できたとしても，軽油の消費量を代替するには遠く及ばない。遊休農地でナタネ等の油糧作物を栽培した場合でも最大で 74,000$k\ell$/年（重量換算 6.4 万 t）との試算[15] が出されており，ごくわずかな量にとどまる。

海外から BDF やその原料を輸入することも選択肢の 1 つであるが，BDF を含む輸送用バイオ燃料の生産・輸入に関しては，食料とのコンフリクト，プランテーション開発に伴う森林伐採やメタン排出，プランテーションでの不当労働などの問題が指摘されており[16]，今後の普及拡大はあまり見込めないだろう。

3.3 水素自動車・燃料電池車

水素自動車は水素を燃料としてエンジンで燃焼させるもので，燃料電池自動車（Fuel Cell Vehicle：FCV）は水素を原料に発電しその電力でモーターを駆動させる自動車である。いずれも水素を用いるため，水素用のタンクを車両に搭載する。現在市販されているのは FCV が大半である。

水素は常温常圧での密度が非常に低いため，車両の水素タンクには高圧で水素を充填する。トヨタ自動車が市販している FCV 乗用車「ミライ」は

---

13 「油糧生産実績調査」（農林水産省）より。
14 「自動車燃料消費量統計年報」（国土交通省）より，比重 0.86 として算出。
15 エコ燃料推進利用会議（2006），pp.2-111-2-112。
16 FoE Japan・地球・人間環境フォーラム・バイオマス産業社会ネットワーク（2007），T&E ホームページなど。

表 4-4　次世代自動車の国内保有台数

（台）

年度末		2016	2017	2018	2019	2020	2021
EV	乗用車	73,378	91,357	105,919	117,315	123,706	138,325
	その他	1,640	1,514	1,512	1,563	1,871	1,877
	軽自動車	18,555	18,808	18,858	19,242	20,186	21,161
PHV	乗用車	70,323	103,211	122,008	136,208	151,241	174,231
FCV	乗用車	1,807	2,440	3,009	3.695	5,170	6,981
HEV	乗用車	6,473,943	7,409,635	8,331,443	9,145,172	9,862,987	10,630,750
	その他	24,687	26,244	31,493	45,190	58,115	73,211
	軽自動車	476,433	775,507	1,106,347	1,498,064	1,954,926	2,322,201

注：EV：電気自動車　PHV：プラグインハイブリッド自動車　FCV：燃料電池自動車　HEV：ハイブリッド自動車
出所：次世代自動車振興センターホームページより

70MPa（700 気圧）[17] である。現在普及している CNG 車の燃料タンク圧力は 20MPa（200 気圧）[18] なので，その 3.5 倍の圧力となる。

　自動車の水素の利用については，政府が設置した「水素・燃料電池戦略協議会」が 2019 年に策定した「水素・燃料電池戦略ロードマップ」において，「燃料電池車について，2020 年までに 4 万台程度，2025 年までに 20 万台程度，2030 年までに 80 万台程度の普及を目指す」と記されている。表 4-4 では，FCV 乗用車の国内保有台数は 2021 年度末で 7 千台弱である。バスではトヨタの「SORA」が 2021 年現在で約 100 台導入されている（寺師，2021）ほかは市販モデルがない。トラックは市販されていないため，実験的に何台かあるとしても，2023 年時点では「ロードマップ」の目標には遠く及ばない状況である。

　世界の FCV 普及状況は，図 4-8 のとおりである。保有台数は世界で 5 万台余りで，韓国，アメリカ，中国に次いで日本（13％，約 6,700 台）が第 4 位となっている。FCV の大半は乗用車であり，バス・トラックはほとんど

17　トヨタ自動車ホームページ（b）。
18　日本ガス協会（2014）。

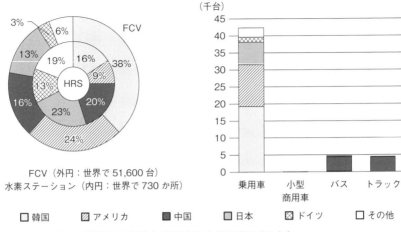

「FCV保有数と水素ステーション数（2021年）」　　「車種別FCV保有数（2021年）」

FCV（外円：世界で 51,600 台）
水素ステーション（内円：世界で 730 か所）

□ 韓国　　▨ アメリカ　　■ 中国　　▨ 日本　　⊠ ドイツ　　□ その他

図 4-8　世界の燃料電池自動車（FCV）保有状況（2021 年）

出所：IEA, 2022, p.33 より

中国にある。これに対し，日本の水素ステーションの数は世界の 23％となっているが，そもそも世界全体で 730 しかない。

3.4　電気自動車（バッテリー電気自動車：BEV）

　電気自動車（EV）は，近年かなり普及が加速してきたと言えよう。とくに乗用車では世界の複数の大手メーカーが完全電動化を宣言しており，再エネ電力の利用と組み合わせて自動車からの CO_2 排出ゼロが現実的となっている。これは単に車両からの排出がゼロという訳ではなく，WTW でのゼロを意味する。

　EV については，短距離はバッテリーで動くものの，長距離走行は在来燃料のエンジンで補完するプラグイン・ハイブリッド車（PHEV, PHV）と，次項で取り上げる走行中給電車両もある。これらと区別するためにバッテリーのみで走行する EV は，バッテリー EV（BEV）と呼ばれている。

　国内の BEV 保有状況は表 4-5 のとおりである。最も普及が進んでいる普通乗用車でも全体の 0.7％に過ぎない。ただし，2022 年には量産型の軽自動

表 4-5 国内の BEV 保有状況(2022 年 3 月末現在)

		全燃料・エネルギー計(台)	BEV(台)	割合
貨物車	普通車	2,447,087	1,644	0.1%
	小型四輪車	3,490,257	21	0.0%
	小型三輪車	1,006	1	0.1%
	計	5,938,350	1,666	0.0%
乗合用		216,416	149	0.1%
乗用車	普通車	20,271,161	137,356	0.7%
	小型四輪車	18,745,367	969	0.0%
	小型三輪車	510	2	0.4%
	計	39,017,038	138,327	0.4%
特種用途用		1,277,049	63	0.0%
合計		46,448,853	140,205	0.3%

注 1：小型四輪車は，長さ 4.7m 以下，幅 1.7m 以下，高さ 2.0m 以下，エンジンの総排気量 660cc をこえ 2000cc 以下。軽自動車は含まない。
　　2：本表の出所であるこの統計書を発行している自動車検査登録情報協会に尋ねたところ，統計書で「電気」と表されているのが BEV で，「ハイブリッド」に PHEV も含むとのことだった。
出所：自動車検査登録情報協会，2022 より筆者作成

車 BEV（サクラ／ek クロス EV）が発売開始されて人気を博し，カー・オブ・ザ・イヤーにも選ばれた。今後も複数の新モデルの発売が予定されているため，普及拡大が進むとみられる。

　世界の EV（乗用車）保有状況は，図 4-9 のとおりである。この図では PHEV も含まれているが，2021 年の保有台数は 1600 万台を超えており，その多くが中国とヨーロッパにあることが分かる。IEA（2022）によると，2012 年は世界での販売数が年間 12 万台であったが，2021 年はそれが 1 週間の販売台数になり，年間では 650 万台までになった（p.16）。また図 4-10 では，日本の普及の遅れが際立っていることがわかる。EV 化については様々な議論があるが，普及状況を見る限り日本は世界のトレンドから大きく遅れていると言える。

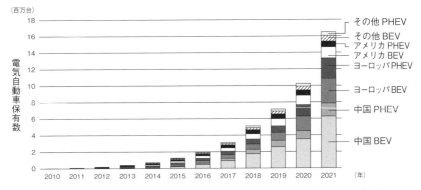

BEV：バッリーEV，PHEF：プラグインハイブリッド車。「その他」は，オーストラリア，ブラジル，カナダ，チリ，インド，日本，韓国，マレーシア，メキシコ，ニュージーランド，南アフリカ，タイを含む。「ヨーロッパ」には，EU27，ノルウェー，アイスランド，スイス，イギリスを含む。

図 4-9　世界の EV 保有状況（乗用車）

出所：IEA, 2022, p.14

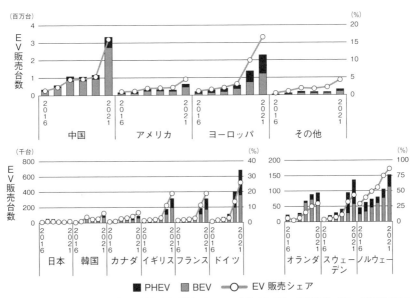

注：このグラフは世界の大規模 EV 市場の国・地域のもので，上段は全車種の市場規模の順に，下段は EV の販売シェア順に並んでいる。略語と地域内訳は図4-9に同じ。EV 登録車両数のデータは，Global EV Data Explorer より取得可能。

出所：各国提出データに基づく IEA 分析，および ACEA, CAAM, EAFO, EV Volumes, Marklines データによる補完。

図 4-10　世界の EV 販売台数の推移

出所：IEA, 2022, p.15

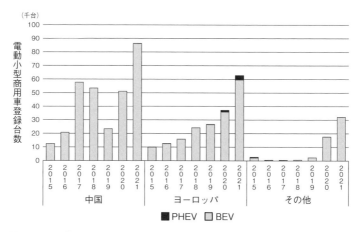

図 4-11　世界の電動小型商用車の新規登録台数の推移

出所：IEA, 2022, p.28

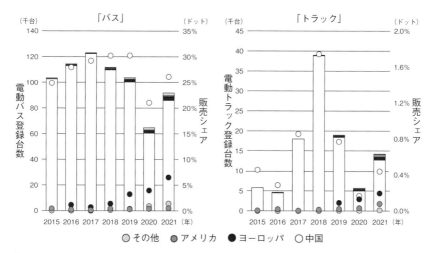

「その他」は，オーストラリア，ブラジル，カナダ，チリ，インド，インドネシア，日本，メキシコ，南アフリカ，タイ，マレーシア，ニュージーランド。

図 4-12　世界のバス・トラックの EV 登録・販売台数の推移

出所：IEA, 2022, p.36

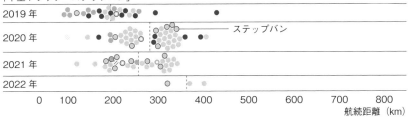

図 4-13　現行および発売が表明されている電動トラックのモデル別発売時期と航続距離（2019～2023 年）

出所：IEA, 2022, p.39

　トラックについては，電動小型商用車[19] の近年の販売台数が図 4-11 に示されている。この図から，乗用車 EV と同様に中国，ヨーロッパ主体に普及が拡大していると言える。ただし，中国でもまだ年間数万台にとどまっており，乗用車に比べると台数ではかなり少ない。PHEV が少ないことも特徴である。

19　Light Commercial Vehicle（小型商用車）。バン型貨物車など。

中・大型（バス・トラック）の EV 登録・販売台数は図 4-12 のとおりである。2021 年ではバスが 9 万台超であるの対しトラックは 15 千台弱で，中・大型トラックでは同車種全体の 0.3% 未満の割合となっている（IEA, 2022, p.35）。

　大型トラックは，重量貨物を輸送するだけでなく，長距離輸送にも多く使用されるので，長い航続距離が求められる。それだけ多くのバッテリーを要するため大型トラックの BEV は高額になりがちで，小型車に比べて開発・普及が進んでいないと考えられる。また，充電容量も大きくなるため充電時間がかかる。これを短縮するには，高電圧・高容量の充電設備が必要となる。現在，日本で急速充電規格となっている CHAdeMO の認証を得ている充電器の最大容量は 200kW である[20]。これで 1800kWh のバッテリーを持つトラック[21] を充電した場合，単純に計算すれば 9 時間かかることとなる。

　図 4-13 は，近年に発売された，または発売予定の EV および FCV トラックの，車両モデルごとの航続距離を表したものである。大型車では，2021 年以降のモデルは平均航続距離で 400km を超える。実際の長距離トラックの運転を踏まえれば，400km の航続距離があれば連続運転時間[22] の観点からは十分なはずだが，バッテリーの充電率が 100% に近づくほど充電時間は長くなる傾向にあるので，休憩時間での充電を想定するならば，実際には 500km 以上の航続が可能なバッテリーの搭載が必要となってくる。あとは，休憩時間中に次の連続運転距離を走れるだけの充電がサービスエリア等で可能かどうか，急速充電の技術と充電ステーションの整備がポイントとなろう。

　蛇足かもしれないが，現在の大型 EV トラックに関して話題を集めることが多い Tesla 社の「Semi」について触れておきたい。Semi は大型トレーラーをけん引できるトラクタで，当初は 2019 年に発売予定であったが，2022 年

20　CHAdeMO 協議会ホームページ。

21　Daimler Truck の航続 500km をもつ大型トラクタのバッテリー容量より。Daimler Truck ホームページ。

22　日本の場合は，連続運転は 4 時間までで，4 時間につき 20 分の休憩時間を確保しなければならない（「自動車運転者のための労働時間等の改善のための基準（平成元年度労働省告示第 7 号）」第 4 条）。

12 月にペプシコへ翌年納車予定との発表を行った[23]。Tesla 社によれば, 最大航続距離が 500 マイル（約 800km）, その 70％の航続距離を 30 分の充電で賄えるが, それに対応する充電器 "V4 Supercharger" も 2023 年に稼働開始する予定とのことである[24]。

3.5 電気自動車（走行中給電, ERS）

　前記のように, 長距離走行する大型トラックを EV 化した場合, 大容量のバッテリーを搭載しなければならない問題があるが, それを解消するアイデアが走行中に給電可能な EV で, ERS（Electric Road System）とも呼ばれる。これが最も具体化されているのは, ドイツ・Siemens 社の "eHighway" である。このシステムは, 道路に鉄道と同様の架線を設置し, パンタグラフ付の EV トラックが架線から電力を得て走行するものである。走行時はトラックのバッテリーにも充電可能であり, 架線が未設置の区間・車線を走行する際は BEV として走行する。すでにスウェーデン, アメリカ, ドイツで公道上での走行試験が行われており, 鉄道車両大手でもある Siemens 社の電気鉄道の技術が応用可能であることは容易に想像できる。技術的にはほぼ普及段階にあると言ってよいだろう。

　この技術は, 長距離走行が多い大型トラックの運用形態と親和性が高い。大型 BEV を長距離走行させるには, バッテリーの問題のほか, 急速充電ステーションをサービスエリアや物流拠点等に設置する必要があり, かつ大容量バッテリーであるためそれなりに長い充電時間を確保しなければならない。一方, ERS では架線の設置は必要だが, 充電ステーションは不要であり, サービスエリア等での充電ステーションの混雑問題は発生せず, 長時間の充電時間も不要である。

　Siemens（2021a, p.2）によれば, ドイツにおけるトラックの 1 日の最長走行距離は約 750km で, そのうち 80〜90％は高速道路を走行する。それらトラックの 89％は, 高速道路の前後の一般道走行がそれぞれ 50km 以内で

23　ロイターホームページ。

24　You Tube「Tesla Semi Delivery Event」https://www.youtube.com/watch?v=LtOqU2o81iI, 2023 年 2 月 4 日閲覧。

写真 4-1　eHighway のトラック

出所：Siemens ホームページ（b）

ある。よって，この標準的なトラックの運用を踏まえれば，100km 程度の
航続距離を得られるバッテリーを搭載すればよいことになる。同じく Sie-
mens（2021b）では，eHighway は大型トラクタにおける CO_2 排出とトータ
ルコストで，FCEV や再エネ利用の合成燃料よりも優位性をもち，コストで
は在来ディーゼルトラックより 5％増にとどまることを示している。CO_2 排
出に関しては再エネ電力の使用が前提となる。

　Ainalis, Thorne and Cebon（2020）は，この頭上架線式の ERS が最も経
済的に陸上貨物輸送の脱炭素化を進められるとし，都市内を主に走行する小
型トラックは BEV を主力にするとした上で，イギリスで ERS を総延長
15,121km の高速道路に建設した場合，費用は 194 億ポンド（2 兆 9100 億円
＝1 ポンド 150 円換算）となり，大型トラックが排出する CO_2 の 64.8％が
削減できると試算している。投資コストについては，エネルギーコストの低
減によりトラック事業者は 18 ヶ月で車両費を回収でき，建設費は電気使用
料の収益により 15 年で回収可能なため，民間資金でも実施可能な事業であ

るとしている[25]。

　日本の大型トラックの運用についても，上記のドイツとほぼ同様のものと捉えられ，長距離トラックを脱炭素化する上では有力なシステムとなる。また，日本の高規格幹線道路[26]が約14,000kmであるので，イギリスの試算例とかなり近いと捉えられる。約3兆円の整備費が高いか安いかの判断は難しいが，営業用普通貨物車の年間軽油消費量がおよそ1100万/$k\ell$なので[27]，毎年1兆3千億円程度[28]の燃料支出がある。もちろん電力は無料ではないのでこの金額が丸々浮くわけではないが，毎年この1/4程度（約3000億円）を整備費に充当できるならば，10年ほどで投資回収が可能となる。現実的な事業と捉えて支障ないだろう。

　このほかERSの技術としては，本田技研工業（ホンダ）が大型トラクタで開発中のサイドアーム式のものがある。これは，ガードレールの下部に充電レーンを設置し，そこへ車両から集電アームを伸ばして電気を得る仕組みである。現在，日本自動車研究所城里テストセンターで実証実験が行われている（田島ら，2022）。

　この技術は，頭上架線式のように鉄道で長く実績ある技術の応用ではないので，施設の建設やメンテナンスの見通しにやや不確実性がある一方，車体最下部から水平に出るアームで集電するため，乗用車を含む全車種で利用可能である。また，充電レーンはガードレール下部の路面に固定するだけなので，建設コストはかなり安価になると思われる。早期の導入可能性も含めて頭上架線式と正当な比較検討が行われることを期待したい。

　このほかに路面からの接触給電または非接触給電の方式も研究されているようだが，筆者の知る限り大型トラックでの走行実験には至っているものはなく，カーボンバジェットを踏まえれば脱炭素への有力な技術とはならない

25　ERSの展開期については，「Range Extender（長距離化装置）」としてディーゼル（軽油）または天然ガスエンジンを搭載したハイブリッド車の導入を提案している。ディーゼル車の場合は燃料タンクが100ℓ，展開後期は50ℓとなっている。

26　「高速自動車国道」および「一般国道の自動車専用道路」のこと。全国高速道路建設協議会ホームページより。

27　「自動車燃料消費量調査」（国土交通省）より。

28　軽油価格を120円／ℓとして計算。

だろう。

3.6　トラックの燃料・エネルギー転換技術の小括

　以上までに見たとおり，トラックの燃料・エネルギー転換で脱炭素を目論む技術は複数あるが，いずれも一次エネルギーがカーボンニュートラルであることが条件となり，そのエネルギーをどのように車両まで供給し利用するかで，それぞれの技術・システムの特徴がある。本来は複数の技術をオプションとして保持し，並行して開発を進めながら現実的に普及可能でコストメリットがあるものを選択していくのが望ましいが，逼迫しているカーボンバジェットを踏まえると脱炭素は喫緊の課題であり，物流での排出量の多くを占めるトラックは速やかに脱炭素技術を導入し転換していく必要がある。

　以上までに取り上げた各技術に合成燃料も加えて，分かりやすくメリット・デメリットを検討したものが Ainalis, Thorne and Cebon（2020）にある（表4-6）。頭上架線式の ERS を推進するレポートに掲載されたものなので多少割り引いて捉える必要はあろうが，技術者のみならず物流業界をはじめ広く理解を得て脱炭素技術の導入を図っていく上では，定性的な内容も含めてこのような形で整理されることが望ましい。

表 4-6　長距離道路貨物輸送向け車両推進技術の特徴

技術	メリット	デメリット
大型 BEV トラック	・WTW での低排出。 ・車両からの排出ガスなし。 ・今後 10 年以内に都市内集配車両の主流になる可能性が高い。 ・技術成熟度が高い。 ・早ければ 2025〜30 年に都市部で普及の見込み。	・大型バッテリーによるコストと重量の増加および積載量の減少。 ・重要／紛争素材の需要増。 ・拠点や充電ステーションへの高価な充電インフラの必要性。 ・長い充電時間。 ・現実的なバッテリーサイズでは不十分な航続距離：長距離には不向き。

ERS: Electric Road System	・エネルギー消費量とWTW排出の最小化。 ・相当に低いエネルギー費。 ・ERS区間と充電拠点間のみ航続可能な小型バッテリー。 ・車両からの排出ガスなし。 ・**技術成熟度が高い～設計可能。** ・早ければ2035～40年[a]に普及の見込み。 ・技術中立で，ゼロ排出の期限を延長可能。 ・インフラは，5G，コネクテッド車と自動運転車のセンシングや通信を補完可能。	・充電インフラへ多額の投資が必要。 ・他の技術に比べて柔軟性が低い。 ・景観上の問題（主観的）。
水素燃料電池	・燃料充填時間が軽油・CNGと近い。 ・車両からの排出ガスなし。 ・グリーン[b]またはブルー水素[c]を利用すれば低CO_2排出。	・エネルギー効率が低く，多量のエネルギーを消費する。多額のエネルギー費。 ・燃料製造と充填設備に多額の投資が必要。 ・グリーン水素製造は非効率，高コストで規模も限定的。 ・ブルー水素製造は多量の天然ガス輸入とCO_2回収設備が必要。 ・技術成熟度が低い。 ・早ければ2040～50年に普及の見込み。
バイオ燃料	・既に実用化されており，CO_2削減可能。 ・軽油から容易に代替可能。 ・軽油に対する価格競争力あり。	・広く普及可能な燃料ではない：ニッチ技術で国や地球レベルでの排出削減にはならない。 ・車両からの排出ガスあり。 ・限定的な利用のみで広い普及は不可能。
合成燃料	・軽油から容易に代替可能。 ・既存の給油施設が利用可能。 ・再エネ電力を利用して生産すれば，低CO_2排出。	・高コストな燃料製造（水素より高い）のため価格も高くなる。 ・燃料製造のため多額の投資が必要。 ・車両からの排出ガスあり。 ・早ければ2040～50年に普及の見込み。

注：a：ここでの普及とは，イギリスの大型車登録台数の大半を占めることを指す。

b：グリーン水素は，再生可能エネルギーを用いた電気分解でつくられるもの。

c：ブルー水素は，天然ガスから水蒸気改質でつくられ，CO_2を回収し地下貯留するもの。

出所：Ainalis et al., 2020, p.5 より

3.7 トラックの電動化と再生可能エネルギーのポテンシャル

BEV でも ERS でも，CO_2 排出削減は再生可能エネルギーで発電された電力の利用が前提となる。トラックでの電力使用が拡大する際は，乗用車等の小型車の EV 化がおそらく先行するので，それに対応できるだけの再エネのポテンシャルがあるかどうか大まかに試算してみたい。

トラックを含むすべての自動車で現在消費している軽油とガソリンがすべて電気（BEV）に代替された場合を考える。2021 年度の自動車のガソリン消費量は 41,709 千 $k\ell$，軽油は $24,725k\ell$ である[29]。これを電力換算すると，合わせて 6,598 億 kWh となる[30]。一般にエンジン（ICE）よりも EV の方がエネルギー効率がよいとされており，日本自動車研究所（2011, p.88）における TTW のエネルギー消費率は，ICE が BEV の約 4.5 倍となっているが，送電および充電ロスを多めに見込んで 3.5 倍とすると，ガソリン・ディーゼル車がすべて BEV に代替された場合の電力消費量は 1,885 億 kWh となる。これは，表 4-7 の現在の発電量 10,013 億 kWh の 18.8%，「事業性を考慮した導入ポテンシャル」で最も低位の発電量（10,954 億 kWh）の 17.2% に相当する程度なので，日本の再エネ発電を拡大すれば十分に賄うことが可能である。

3.8 自動車の代替と再エネ電力普及との関係

既存車を EV に代替する場合，通常は車両更新時に導入するものと思われる。在来車を中古車で売却する場合もあろうが，輸送需要に変化がなければ保有車両全体としては廃車の代替で導入されると捉えるのが妥当である。一般に，トラックは 15 年程度の車両寿命とされているので，EV が新車販売ベースで普及しても，完全に代替されるには 15 年かかることになる。CO_2 排出量は保有車両数に規定されるため，排出量を低減する効果は保有車両数ベースでの普及を待たねばならない。さらに，EV に給電される電力自体が再生可能エネルギー発電になる必要もあり，電力の CO_2 排出係数も大きく

---

29 「自動車燃料消費量統計年報」（国土交通省）より。

30 環境省「温室効果ガス排出量算定・報告・公表制度」の発熱原単位（ガソリン 34.6GJ/$k\ell$，軽油 37.7GJ/$k\ell$）用い，1kWh＝3.6MJ として算出。LPG や CNG は含んでいない。

表 4-7 日本の再生可能エネルギーのポテンシャル

再エネ種	区分	導入ポテンシャル[a] 設備容量（万kW）	導入ポテンシャル[a] 発電量（億kWh/年）	事業性を考慮した導入ポテンシャル[b]（シナリオ1（低位）〜シナリオ3（高位）） 設備容量（万kW）	事業性を考慮した導入ポテンシャル[b] 発電量（億kWh/年）	[参考] 総合エネルギー統計 発電電力量実績（2020年度速報） 発電量（億kWh/年）
		令和元年度再生可能エネルギーに関するゾーニング基礎情報等の整備・公開等に関する委託業務報告書）令和元年度能推計結果				[参考] 総合エネルギー統計速報（2020年度速報）[d]
太陽光	住宅用等[c]	20,978	2,527	3,815〜11,160	471〜1,373	（内訳）
	公共系等[c]	253,617	29,689	17〜29,462	2〜3,668	・原子力 [388]
	計	274,595	32,216	3,832〜40,622	473〜5,041	・石炭 [3,101]
陸上風力		28,456	6,859	11,829〜16,259	3,509〜4,539	・天然ガス [3,906]
洋上風力		112,022	34,607	17,785〜46,025	6,168〜15,584	・石油等 [636]
						・水力 [784]
中小水力		890	537	321〜412	174〜226	・太陽光 [791]
						・風力 [90]
地熱		1,439	1,006	900〜1,137	630〜796	・地熱 [30]
						・バイオマス [288]
合計		417,402	75,225	34,667〜104,455	10,954〜26,186	10,013

注 a：現在の技術水準で利用可能なエネルギーのうち、種々の制約要因（法規制、土地利用等）を除いたもの。中小水力のみ、既開発発電所分を控除している。
b：送電線敷設や道路整備等に係るコストデータおよび売電による収益データを分析した上で売電可能性が低いと認められるエリアを除いたもの。低位なシナリオ（FIT 価格よりも低い売電価格）〜高位なシナリオ（FIT 価格程度）に分けて推計している。（シナリオ別導入可能量）
c：住宅用等（戸建住宅、マンション、オフィスビル、商業施設）。公共系等：庁舎、学校、公民館、病院、工場、工業団地、最終処分場、河川敷、港湾、公園、農地等
d：資源エネルギー庁総合エネルギー統計 2020 年度エネルギー需給実績（速報）

出所：環境省, 2022, p.2

120

関与する。

　ここでは，EV の普及率が販売割合で語られることが多い状況を踏まえ，新車販売の割合が保有車両の割合にどう作用するかを示した上で，再エネ電力普及についてもシナリオ設定し，EV トラックの新車販売割合目標が CO_2 排出削減効果としてどのように現れるかを明らかにする。

（1）　EV の普及率と保有車両ベースでのシナリオ設定

　シナリオ設定では，2020 年をベース年とし，新車トラック販売における EV 普及率 100％となる目標年次（T_{year}）まで，毎年一定の利回り（r）で複利で普及率が拡大していく。2020（$y=0$）年から y 年後の EV 新車販売割合 EVs_y，EV 保有割合 EVp_y は，下記のとおりとなる。

$$EVs_y = EVs_0 \times (1+r)^y$$

$$EVp_y = \sum\nolimits_0^{y-1} EVs_y \text{ ただし，} y>l \text{ のときは } EVp_y = \sum\nolimits_{y-l}^{y-1} EVs_y$$

　ここで，$r = \left(\dfrac{1}{EVs_0}\right)^{\frac{1}{y}} - 1$，$l=15$，$l$ は車両寿命で，毎年 $\dfrac{1}{l}$ だけ古い車両から更新される。

　また，便宜的に $EVs_0 = 1\%$，$EVp_0 = 0$ とし，当該年次の新車は翌年の保有車両数に加える。

　図 4-14 は，菅首相の施政方針演説（2021 年）[31] と同じ $T_{year} = 2035$ とした際の，EVs_y と EVp_y である。

31　2021 年 1 月の第 204 回国会での施政方針演説では，「2035 年までに新車販売で電動車 100％」が表明された。乗用車が念頭にあると思われるが，ここではトラックに当てはめて試算している。

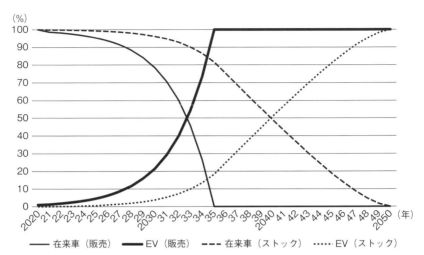

図4-14 EVトラック普及率における新車販売（2030年＝100%）とストックとの関係

（2）再エネ電力のシナリオ設定

　再生可能エネルギーの普及については，3つのシナリオを設定し，EVが使用する電力のCO_2排出係数を変化させることとした（表4-8）。各シナリオは，2030年と2050年の電源構成を想定し，そこから電力のCO_2排出係数を算出した。各シナリオの排出係数の推移は図4-15のとおりである。

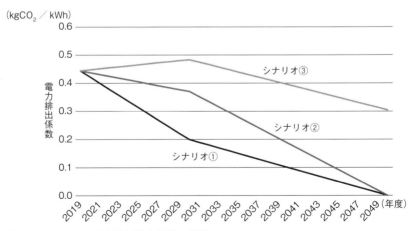

図4-15 シナリオ別電力排出係数の推移

表 4-8　再生可能エネルギー電力普及シナリオと CO_2 排出係数

シナリオ	内容	2030 年		2050 年	
		電源構成	CO_2 排出係数 (kgCO$_2$/kWh)	電源構成	CO_2 排出係数 (kgCO$_2$/kWh)
①	再エネが広く普及	LNG50%, 再エネ 50%	0.20	再エネ 100%	0.00
②	政府の2030年想定とその延長	石炭 26%, 石油 3%, 天然ガス 27%, 再エネ 24%, 原発 20%	0.37	再エネ 60%, その他原発, CCSU 等	0.00
③	CO_2 削減が失敗したケース	石炭 36%, 石油 3%, 天然ガス 37%, 再エネ 24%, 原発 0%	0.48	再エネ 60%, 他石油相当	0.30

（3）　EV トラック普及率と再エネ普及率各シナリオによる CO_2 排出削減効果

　新車での EV トラック普及 100%の目標年と再エネ普及による電力 CO_2 排出係数のシナリオを掛け合わせた，自動車による CO_2 排出量の変化は，図 4-16 のとおりである。この図より視覚的に各ライン間の面積，すなわち今後の累積排出量の差について，シナリオを揃えて EV 販売 100%年による違いを見ると，シナリオ①よりもシナリオ③で大きくなる。EV 販売 100%年を揃えた場合のシナリオによる違いは，EV 普及が早い方が差が小さく，普及を先送りにしていくほどシナリオによって大きな差が発生することが分かる。

　ここでは，トラックを想定して車両寿命を 15 年と設定したが，乗用車であれば平均寿命は 10 年程度なので，新車での EV 普及と CO_2 排出量が低減するタイムラグはトラックの方が大きくなる。カーボンバジェットのことを踏まえれば，乗用車よりもトラックでの新車 EV100%などの目標年次を早期にすべきだが，現在のところその見通しが立っているとは言えない状況にある。

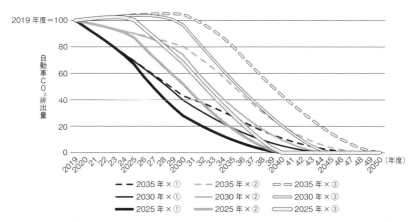

図 4-16 新車 EV100%目標年（2025, 30, 35 年）と再エネ普及シナリオ（①〜③）による CO_2 排出量の変化

コラム 3

「石炭で発電した電気で走っても意味がない」説の検証
〜 PHEV 燃費比較〜

「『石炭を燃やした電気で走っても脱炭素にはならない』。豊田[*]は政府が進めるEVシフトを痛烈に批判しており，2月に首相（当時）の菅義偉のもとを訪れた際には，取材に応じず無言で官邸を後にした」（2022年2月7日，日本経済新聞朝刊2ページ「迫真　EV急加速1『慎重すぎた』トヨタ」）という記事が気になって，しっかり数字で確認してみたくなった。どうすればよいかしばし頭をひねったら，プラグイン・ハイブリッド車（PHEV）で比較可能だとひらめいた。PHEVはトヨタと三菱で2車種ずつ販売されており，諸元表にはEV走行時の電費とハイブリッド走行時の燃費が併せて載っている。

これをもとに，電力とガソリンそれぞれの排出係数を掛ければ，CO_2 排出量は算定できる。電力排出係数の事業者別のリストを見ると，再エネ100%の発電・小売事業者の排出係数はゼロである一方，最大は $1092gCO_2/kWh$ であった。これは石炭火力発電の電力のみを仕入れて販売していると思われる。全国平均は $433gCO_2/kWh$ だが，沖縄電力は火力発電（65%は石炭[**]）に依存しているため，$731gCO_2/kWh$ と高くなっている。

燃費・電費と排出係数から，各PHEVの走行距離当り CO_2 排出量を算出してみた。ただし，「コラム1」で記した算定範囲の問題は残った上でのものである。また，EVモードの場合，充電時に14%程度のロスがあるようである（石崎・中野，2018）。

どの車種も全国平均の電力排出係数を使うと，EV走行での CO_2 はガソリンの6〜7割程度に抑えられ，充電ロスを見込んでもガソリンよりは排出減となる。しかし，石炭火力発電の割合が高い沖縄電力の排出係数では，ガソリン（ハイブリッド）で走った方が CO_2 排出は少ない。最大の排出係数だと50%以上増えてしまう。

よって，結論としては「石炭を燃やした電気で走っても脱炭素にはならない」は正と言える。ただし，全国平均の電力の排出係数では3〜4割[***]の排出削減になるため，少なくとも沖縄以外では「日本の電気で走っても脱炭素

にはならない」は否で，自動車メーカーがもっと EV 供給を増やせば排出削減に貢献できる。沖縄以外でガソリン車を販売し続ける理由として現在の発電構成を取り上げる妥当性はない。もとより，トヨタほどの企業であれば自社で再エネの発電・販売事業を行い，自社の EV・PHEV ユーザーに再エネ電力を供給して，Scope3 排出量を大きく減らすことは十分にできそうである。

表 C3-1　国内メーカーの PHEV 燃費・電費

車種	ガソリン ハイブリッド燃費 (WLTC, km/ℓ)	電費 (WLTC, km/kWh)	出典
トヨタ 「プリウス PHV」	30.3	9.35	web カタログ
トヨタ 「RAV4-PHV」	22.2	6.45	web カタログ
三菱 「アウトランダー phev」	16.6	4.41	公式 web （M グレード）
三菱 「エクリプスクロス phev」	16.4	4.69	公式 web （2WD）

注：ガソリンハイブリッド走行時でも大容量バッテリーを使用するため，通常のハイブリッド車よりも燃費はよいものと思われる。
　　三菱車の電費は「Wh/km」で掲載されていたため，逆数に変換し単位を揃えた。

表 C3-2　ガソリンと電力の CO_2 排出係数

	全国平均	沖縄電力	最大	最小
ガソリン (gCO_2/ℓ)	2,320	–	–	–
電力 (gCO_2/kWh)	433	731	1,092	0

注：全国平均は，沖縄電力以外の一般送配電事業者の値。
　　電力の排出係数は，「電気事業者別排出係数（令和 4 年 2 月 17 日一部修正）」より単位を改変。
　　ガソリンの排出係数は，「算定・報告・公表制度における排出係数一覧」より単位を改変

表C3-3　PHEVの走行1km当りCO$_2$排出量比較

（単位：gCO$_2$/km）

		全国平均	沖縄電力	最大	最小
プリウスPHV	ガソリン	76.6	—	—	—
	電気	46.3	78.2	116.8	0.0
	電気／ガソリン	60.5%	102.1%	152.5%	0.0%
RAV4-PHV	ガソリン	104.5	—	—	—
	電気	67.1	113.3	169.3	0.0
	電気／ガソリン	64.2%	108.4%	162.0%	0.0%
アウトランダー phev	ガソリン	139.8	—	—	—
	電気	98.3	165.9	247.9	0.0
	電気／ガソリン	70.3%	118.7%	177.4%	0.0%
エクリプスクロス phev	ガソリン	141.5	—	—	—
	電気	92.2	155.7	232.6	0.0
	電気／ガソリン	65.2%	110.1%	164.4%	0.0%

*　豊田章男トヨタ自動車社長（当時）。
**　沖縄電力ホームページ。
***あくまで現在の排出量算定法に基づいた場合。

第5章

脱炭素を促進する政策の考え方
―政策的視点と現行政策の妥当性

1
カーボンバジェットを踏まえた政策：
技術選択と政策の視点

　これまでの内容を踏まえると，物流での脱炭素を進めていく対策や政策を考える上では3つの視点が必要である。第1は，時間的制約であり，これはあと数年分しかCO_2排出の猶予がないというカーボンバジェットに基づいて考えることである。10年以上先に実用化が見込まれる技術開発は否定されるものではないが，気候変動対策として推進するならば，逼迫しているカーボンバジェットを踏まえ，すぐに実用化でき普及可能な対策に重点を置かなければならない。

　第2は，CO_2排出削減率をリアリティをもって検討・試算することである。とくにモーダルシフトに関しては，これまで極めて大雑把な輸送機関ごとの原単位のみでCO_2排出削減効果が謳われてきたが，単純な原単位のみの比較は意味をなさない。物流の実態を踏まえてビフォー・アフターのモデルを設定し試算する必要があり[1]，少なくとも行政は中立的に業界の利害を超えた情報の提示を行わなければならない。また，EVに関しては再エネ電力の利用拡大もあわせて推進する必要がある。単にEVの普及のみを目標と

1　本書第3章参照。

するならば，コラム3のような議論がいつまでもくすぶり続ける。

　第3は，ポテンシャルである。個別の対策の効果はCO_2排出削減率で捉えればよいが，国全体あるいは貨物輸送分野全体のCO_2排出量を減らす上では，その対策がどれだけ普及可能なのかが重要なポイントとなる。排出削減率が大きな対策であっても，それを導入できる対象がごく限られているならば，国や業界をあげた推進には値しない。

　このようなポイントを，概念的ではあるものの評価する手法を考えてみたい。本来カーボンバジェットは国全体あるいは部門全体といったマクロで管理すべきものだが，個々の対策がカーボンバジェットとどのような関係にあるのかを確認する上では，次のようなイメージで捉えることができよう。

　まず，現在からのカーボンバジェットは以下のようになる。Pは国の目標値として設定されていないので，第1章の表1-3をもとに選択することになる。

$$B= TE \cdot P$$

B：カーボンバジェット

TE：現在の年間CO_2排出量

P：カーボンバジェット残余年（現在から）

　これを図5-1に表すと，カーボンバジェットBはTEとPからなる長方形の面積となる。カーボンニュートラル達成の目標年度までに直線的に排出削減を進めていく場合，今後の累積排出量がカーボンバジェットと同じになるためには，現在から2P年後を目標年度として設定する必要がある。

　次に，これから実施する排出削減対策について，どの程度のカーボンバジェットを節約できるかを示したのが図5-2である。ここでは，現在EだけCO_2を排出している分野において，r%排出削減可能な技術・システムを，現在からn年後より対策を開始し，y年かけて当該分野全体に普及させる，というものである。この対策をしなければ毎年Eだけ排出され続けるが，対策実施により排出量は太線Lのように変化し，Eとの差分だけカーボンバジェット節約量が発生する。

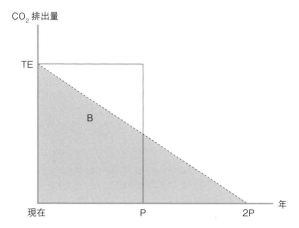

図 5-1　カーボンバジェットと直線的排出削減の関係

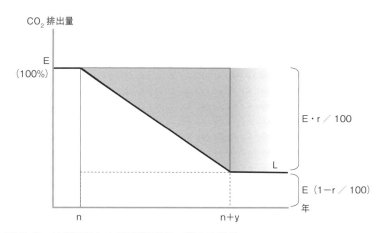

図 5-2　対策開始年と排出削減率，普及の関係

n に関しては，例えば「水素・燃料電池戦略ロードマップ」では，「2030年頃に海外の未利用エネルギーに由来した水素の製造，輸送・貯蔵を行うサプライチェーンの本格導入を目指す」（水素・燃料電池戦略協議会，2019，p.4）[2] とある。つまり，2023年を起点とした場合に現状と変わりがない n の期間が7年続くことになる。この間カーボンバジェットは刻々と取り崩され，水素サプライチェーンが始動する頃にはカーボンバジェットが残っていないことになりかねない。

図5-2の対策がカーボンバジェットとどのような関係にあるのかを確認するには，図5-1と重ね合わせればよい。縦軸は TE と E で揃え，横軸は同じ時間軸とする。そうすると，対策の選択によって図5-1バジェットの上辺（破線）との位置関係は，図5-3のように変わってくる。対策実施による排出量が L1 のようになる場合は，バジェット上辺より概ね下になるため

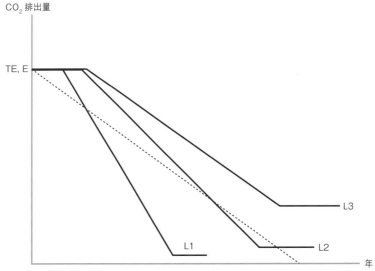

図 5-3　カーボンバジェットのラインと対策効果との関係

---

2 「海外の未利用エネルギー」としては，オーストラリアの褐炭がその対象となっており，これを改質して水素を製造すると CO_2 は排出されるため，CCS も併せて導入する必要がある。

バジェットを保持する対策と捉えられる。L2 は概ねバジェットのラインに沿う形だが，n＋y 年後もずっと排出を続けるようであればバジェットを取り崩してしまう可能性がある。n や n＋y を前倒しするか，r をできるだけ大きくして L を押し下げることが必要となるかもしれない。L3 の場合は完全にバジェットのラインをオーバーしているので，この対策よりも L1, L2 のようなものを優先すべきである。

　ただし，図 5-3 だけではポテンシャルが評価できていない。つまり E の TE に対する割合である。どれだけ社会に普及可能な対策であるかを E/TE で評価して，全体の脱炭素政策パッケージに組み込む必要がある。これはマクロでの政策戦略にもつながってくるが，その関係性について筆者はまだ明確なイメージを持つに至っておらず，研究上の課題である。

2

杜撰と言わざるを得ない「地球温暖化対策計画」：
各対策の根拠

　2021 年に日本政府が UNFCCC 事務局に新たな NDC を提出し，これに基づいて「地球温暖化対策計画（2021 年 10 月 22 日閣議決定）」が策定された。その参考資料として「地球温暖化対策計画における対策の削減量の根拠」が公表されており，各対策の削減量がどのように算定されたのか説明されている。基本的には，各対策で「対策評価指標」が設定され，基準年（2013 年度）からの変化に応じて「省エネ見込量（万 /$k\ell$）」[3]，「排出削減見込量（万 tCO_2）」が算出されている。

　一見，各対策の削減見込量を綿密に計算したかのように見えるが，その内容を精査するとかなりの誤りが含まれており，詳細な検討もチェックもされていないことが分かる。また，表 5-1 のとおり，運輸部門の各対策で計上される排出削減見込量の合計値（6,716 万 tCO_2）[4] は，運輸部門の目標・目

3　原油換算と捉えられるが，対策によっては明記されていないものもある。
4　後述のとおり，基準年ですでに排出削減見込量が計上されている対策がいくつかあるが，それらを 2030 年の排出削減見込量から差引いていない値。

表 5-1 「地球温暖化対策計画（2021 年）」の運輸部門の対策と排出削減見込量

区分	対策名	対策評価指標	排出削減見込量（万 tCO$_2$）		
			2013 年度	2030 年度	割合
	(a) 産業界における自主的取組の推進				
	○低炭素社会実行計画の着実な実施と評価・検証（再掲）				
旅客・貨物	(b) 自動車単体対策				
	26. 次世代自動車の普及，燃費改善	新車販売台数に占める次世代自動車の割合	53.3	2,674	34.3%
		平均保有燃費			
旅客・貨物	(c) 道路交通流対策				
	27. 道路交通流対策等の推進	高速道路の利用率	－	約 200	2.6%
	28.LED 道路照明の整備促進	直轄国道の LED 道路照明灯数	－	約 13	0.2%
	29. 高度道路交通システム（ITS）の推進（信号機の集中制御化）	信号機の集中制御化	133.0	150	1.9%
	30. 交通安全施設の整備（信号機の改良・プロファイル（ハイブリッド）化）	信号機の改良	47.0	56	0.7%
	31. 交通安全施設の整備（信号灯器の LED 化の推進）	LED 信号灯器	6.5	11	0.1%
	32. 自動走行の推進	ACC/CACC 普及率	5.6	168.7	2.2%
旅客・貨物	(d) 脱炭素型ライフスタイルへの転換				
	68. 脱炭素型ライフスタイルへの転換	乗用車・自家用車のエコドライブ実施率	28.0	659	8.4%
		カーシェアリング	7.0	192	2.5%
旅客・貨物	(e) 環境に配慮した自動車使用等の促進による自動車運送業等のグリーン化				
	33. 環境に配慮した自動車使用等の促進による自動車運送業等のグリーン化	エコドライブ関連機器の普及台数	－	101	1.3%
旅客	(f) 公共交通機関及び自転車の利用促進				
	34. 公共交通機関の利用促進	自家用交通からの乗換輸送量	－	162	2.1%
		地域交通利便増進実施計画の作成数	－	2.29	0.0%

旅客・貨物	35. 自転車の利用促進	通勤目的の自転車分担率	–	28	0.4%
	(g) 鉄道，船舶，航空機の対策				
	36. 鉄道分野の脱炭素化	エネルギーの使用に係る原単位の改善率	–	260.0	3.3%
	37. 船舶分野の脱炭素化	省エネに資する船舶の普及隻数	–	181	2.3%
	38. 航空分野の脱炭素化	単位輸送量当りの CO_2 排出量	–	202.4	2.6%
貨物	(h) 脱炭素物流の推進				
	39. トラック輸送の効率化	車両総重量 24t 超 25t 以下の車両の保有台数	–	1,180	15.1%
		トレーラーの保有台数			
		営自率			
	40. 共同輸配送の推進	共同輸配送の取組件数増加率	–	3.3	0.0%
		（宅配便再配達率の削減の促進）再配達率	–	1.7	0.0%
		（ドローン物流の社会実装）地方公共団体における社会実装の件数	–	6.5	0.1%
	41. 海上輸送へのモーダルシフトの推進	海運貨物輸送量	–	187.9	2.4%
	42. 鉄道貨物輸送へのモーダルシフトの推進	鉄道貨物輸送量	–	146.6	1.9%
	43. 物流施設の脱炭素化の推進	脱炭素化された物流施設数	–	11.0	0.1%
	44. 港湾の最適な選択による貨物の陸上輸送距離の削減	（陸上輸送削減）	–	96	1.2%
	45. 港湾における総合的な脱炭素化	省エネルギー荷役機械の導入台数	–	2.65	0.0%
		陸送から海上輸送にモーダルシフトした循環資源等の輸送量	–	14.5	0.2%
貨物	(j) その他の対策・施策				
	46. 地球温暖化対策に関する構造改革特区制度の活用	（地球温暖化対策に関する構造改革特区）	5.3	5.3	0.1%
上記計			499	6,716	86.1%
運輸部門の目標値				7,800	100.0%

注：排出量削減見込量の右端の数値は，運輸部門全体に対する当該対策による削減見込量の割合。
出所：閣議決定，2021a より筆者作成

安とされる排出量（2013年度比で7,800万 tCO_2)[5] とかなりのギャップがある。つまりそれぞれの対策をしっかり実施しても，内容的にも数値的にも狙いどおりの排出削減量が得られないこととなる。

　ここでは，旅客輸送にまたがるものも含めて，貨物輸送に関する各対策の内容を検証していく。なお，以下の各見出しの対策名の前にある［　］の数字は，同計画において各対策に付されている番号である。

2.1　［26］次世代自動車の普及，燃費改善

　この対策の対象が乗用車等の旅客自動車のみなのか，貨物自動車を含むのか明記されていないが，燃費値からは乗用車のみを指すものと推察される。

（1）　対策評価指標

　対策評価指標は2つあり，「新車販売台数に占める次世代自動車の割合」は2013年度の23.2%から2030年度には50〜70%[6]，「平均保有燃費」は同じく 14.7km/ℓ から 24.8km/ℓ に改善されることとなっている。次世代自動車の割合はかなり幅がある一方，平均保有燃費は対象車種や燃料種別が不明なものの具体的な数値が設定されているため，平均保有燃費についてまず見ていきたい。

　燃費に関する既存の制度としては，乗用車については，2019年に策定された2030年度を目標とする燃費基準があり[7]，自動車メーカー等はそれをクリアすることが求められている。この基準では，燃料種別ごとにエネルギー消費効率の算定式が定められ，さらに車両重量との関係式から具体的な燃費基準が設定されている。参考として「現行燃費基準の水準に対する燃費改善率」が示されており，2020年度燃費基準推定値 17.6km/ℓ から，2030年度同 25.4km/ℓ，燃費改善率 44.3% となっている。ただし，2020年度の基準

5　本書第1章（表1-5）参照。

6　「2030年度の数値は日本再興戦略 2015（2015年6月決定）に基づくものである」と記されている。

7　総合資源エネルギー調査会省エネルギー・新エネルギー分科会省エネルギー小委員会自動車判断基準ワーキンググループ・交通政策審議会陸上交通分科会自動車部会自動車燃費基準小委員会合同会議（2019）。

推定値は前倒しで達成されたようで，同箇所に「2016 年度実績値」として 19.2km/ℓ が示されており，2030 年度への改善率は 32.4％となっている。

　ここで注意しなければならないのは，これら燃費基準は目標年度における「出荷した乗用車の企業別平均燃費」[8] で，いわゆる新車の燃費である。しかし，本対策の対策評価指標は「平均保有燃費」となっており，国内を走行している自動車全体の平均燃費を指す。仮に 2020 年度の新車燃費が推定値どおり 17.6km/ℓ で，そこから直線的に 2030 年度の目標値である 25.4km/ℓ に改善されていき，単純に古い車両から毎年 1/10 ずつ車両が入れ替わるとすれば，2030 年度の平均保有燃費は 17.6 と 25.4 の中間である 21.5km/ℓ となる。対策評価指標の 24.8km/ℓ を達成するには，この値が 2020 年度と 2030 年度の中間値になる必要があり，2030 年度の新車燃費は 32.0km/ℓ に引き上げなければならないが，燃費基準改定への言及はない。燃費基準を変えないのであれば，この燃費基準で評価できない EV 等の「次世代自動車」の普及に関する目標が必要なはずだが，その記述は見当たらない。

（2）　算定方法

　この平均保有燃費は，「各年度の平均新車販売燃費に各年度の残存台数をかけて総保有台数で割ったストックベースでの平均燃費」と説明されているが，具体的な数値はない。また，2030 年度の「省エネ見込量」として 990 万 kℓ とある。対策評価指標である 2013 年度と 2030 年度の平均保有燃費の差は 10.1km/ℓ なので，この省エネ見込量をガソリンベースで得るには年間総走行距離が約 1000 億 km となる。しかし，2020 年度のガソリン自家用乗用車の総走行距離は約 4600 億 km であり，ガソリン車全体では約 5500 億 km である。ディーゼル車（軽油）が加わると 6600 億 km に達する[9]。「ストックベースでの平均燃費」とは平仄が合わず，何かしら計算間違いがあったものと思われる。

　さらに，基準年である 2013 年度にすでに排出削減見込量が 53.3 万 tCO_2

8　同，p.1.
9　「自動車燃料消費量統計年報」（国土交通省）より，ガソリン旅客車の普通車，小型車，乗用車（ハイブリッド），軽自動車の合計。

計上されている。この年度までにすでに対策が進んでいたと示したいのであろうが，対策も排出削減量も基準年からの進展で評価しなければならない。対策を前倒しで実施していたとしても，それはすでに2013年度の実績値に反映されているため，基準年はゼロとすべきである[10]。

　いずれにせよ，燃費基準は乗用車の他に小型貨物車，重量車の区分で設定されており，当然ながら燃費値は大きく異なる。本来はこれらの区分で個々に目標値を設定し，削減見込量を算定すべきである。対象車種，燃料を明確にした上で，算定に用いた具体的な数値を示せば相応の精確性は担保できたものと思われるが，結果として明らかな誤りとなっているのは残念である。

2.2　[27] 道路交通流対策の推進

　この対策は，一般道路から高速道路に走行車両がシフトすることによって，燃費が最もよいいわゆる経済速度に近い走行が可能となり，CO_2排出量が削減できるというものである。経済速度は一般的に70km/h程度とされている[11]ので，実際に速度改善効果があれば排出削減も見込んでよいだろう。

　対策評価指標として「高速道路の利用率」があげられており，2013年度が約16%，2015年度が約18%，2030年が約20%になるとされ，これに伴う省エネ見込量は2030年度で約74万$k\ell$，排出削減見込量は約200万tCO_2となっている。

　ここでも具体的な計算プロセスは不明なままであるが，高速道路利用率は「全国道路・街路交通情勢調査」に基づくものと捉えられる[12]。同調査の結果は表5-2のとおりにまとめられる。「根拠」では表5-2の「高速道路計（一般国道の自動車専用道路を除く）」を指標に用いたと思われるが，2010年度から2015年度にかけて高速道路の利用率は増加しているものの，道路交通量全体も増加している。一般道路の交通量は800万台キロ弱減少して

10　基準年である2013年度に排出削減見込量が計上されているのは，運輸部門および他部門にも散見されている。

11　例えば，土肥・曽根・瀧本（2012）。

12　積算時に見込んだ前提として，「2013年度の数値は2010年の道路交通センサス，自動車輸送統計年報に基づく」とあるが，自動車輸送統計では道路種別の走行量はないため，全国道路・街路交通情勢調査に基づくと思われる。

表 5-2　道路交通量の比較

（千台キロ）

	2010 年度		2015 年度		増減	
	道路交通量	利用率	道路交通量	利用率	道路交通量	利用率
高速道路計	281,170	18.7%	309,680	20.5%	28,510	10.1%
高速道路計 （一般国道の自動 車専用道路を除く）	258,706	17.2%	276,275	18.3%	17,569	6.8%
一般道路計	1,243,535	82.8%	1,235,561	81.7%	−7,974	−0.6%
合計	1,502,241	100.0%	1,511,836	100.0%	9,595	0.6%

出所：「全国道路・街路交通情勢調査」（国土交通省）より筆者作成

いるが，その 2.2 倍ほど高速道路の交通量（台キロ）が増加しており，他の要因が変わらなければ燃料消費量は増加するはずである。

　高速道路へのシフトが効果ない訳ではないが，高速道路の「利用率」のみに基づく排出削減見込量の算定であるため，2013 年度から交通量が変化しないという前提に立つ。もし交通量が変化すれば排出削減見込量も当然変化する。目標年次の道路種別ごとの交通量を想定した上で算定していかなければならない。

2.3　［28］LED 道路照明の整備促進

　この対策は，道路照明の LED 化による省エネを見込んでいるが，GHG インベントリの算定に使用されている「総合エネルギー統計」では，運輸部門における電力消費は鉄道以外では計上されていない。よって，道路照明に要するエネルギーは他部門に含まれると捉えられ，この対策が運輸部門にあること自体が妥当性を欠く。

2.4　［29］高度道路交通システム（ITS）の推進（信号機の集中制御化）

　この対策の具体的内容として「信号機の集中制御化により交通流の円滑化を図り，燃費を改善することにより，自動車からの CO_2 排出量を削減する」とあるが，これまでと同様に削減見込量の具体的な算定プロセスは不明であ

る。算定式として「排出削減見込量＝集中制御化された信号機1基当りの CO_2 改善量×信号機の整備予定基数」という式があり，2030年度には150万 tCO_2 排出削減見込量が示されているが，肝心の信号機の整備基数は2026年度以降「－」であり，どのようにこの値が算出されたのかは全く不明である。

さらに，先にも触れたが2013年度に排出削減見込量として133万 tCO_2 がすでに計上されているので，これがベースラインであれば17万 tCO_2 の削減量しか得られないこととなる。無駄というには忍びないが，運輸部門の削減量7800万 tCO_2 に対して約0.2％しかなく，本計画に掲載するに値するかは疑問である。

2.5 ［30］交通安全施設の整備（信号機の改良・プロファイル（ハイブリッド）化）

この対策の「具体的内容」は，［29］とほぼ同じ「信号機の改良等により交通流の円滑化を図り，燃費を改善することにより，自動車からの CO_2 排出量を削減する」とある。これは，近接する信号機同士が連携しつつ，交通流を円滑にするため信号機が自律的に制御する仕組みのようである。排出削減見込量の算定式も［29］と同じく「排出削減見込量＝改良等された信号機1基当りの CO_2 改善量×信号機の整備予定基数」で，2030年度は56万 tCO_2 の排出削減見込量が示されているが，信号機の整備基数は「－」である。また，2013年度には47万 tCO_2 の排出削減見込量がすでに計上されており，これを差し引いた場合はわずか9万 tCO_2 で，運輸部門全体の削減量に対して0.1％ほどになる。

2.6 ［31］交通安全施設の整備（信号灯器の LED 化の推進）

この対策は算定の根拠とプロセスが明確であり，電球式信号灯器を LED に転換することで排出削減量を明確に示している。また，2030年度の電力の排出係数も踏まえた算定がされているように見受けられる。2013年度に排出削減見込量が計上されていることは疑問だが，算定式は妥当なものと言えよう。

ただし，［28］と同様に信号機のエネルギー消費は運輸部門に計上されているものではない。本対策は他部門に帰属させるべきである。

2.7 ［32］自動走行の推進

この対策の具体的内容では，「ACC/CACC 技術等の自動走行技術を活用し，運輸部門の省エネを図る」とある。ACC は Adoptive Cruise Control（車間距離制御装置），CACC は Cooperative（協調的）ACC のことで，高速道路における定速走行により排出削減効果を目論むものである。JAF（日本自動車連盟）の調査[13]では ACC の使用で 12％の燃費改善効果があったとされている。

算定式は，「［ACC/CACC による省エネ効果］＝［エネルギー消費量］×［ACC/CACC による燃費削減率］×［ACC/CACC 稼働率］×［ACC/CACC 普及率］」とある。普及率のみ 2013 年度の 1.3％から 2030 年度に 76％になると示されているものの，他の指標は具体的な数値がないため，算定プロセスを検証できない。

2.8 ［33］環境に配慮した自動車使用等の促進による自動車運送事業等のグリーン化

この対策は，エコドライブ（省燃費運転）の普及によるもので，営業用トラックと営業用バスにおけるエコドライブ関連機器[14]の普及台数に基づく排出削減量が算定されている。1 台当りの年間 CO_2 排出量がトラックは 34.4tCO_2，バスは 38.4tCO_2 とあり，エコドライブ関連機器導入による 1 台当りの CO_2 排出削減効果が 10％という数字[15]に基づいて，2030 年度に 101 万 tCO_2 の排出削減効果を見込んでいる。ここでも具体的な算定式，プロセスは不明であるが，筆者なりに推測して計算するとこれに近い結果が出たので，削減見込量はおおよそ妥当な数字と捉えられる。

13　JAF ホームページ。
14　明記されていないが，デジタルタコグラフ等の機器を指すものと推測される。
15　「燃費改善率：年当たり約 1％」ともあるが，これは算定には用いられていないようである。

デジタルタコグラフ等が今後も普及拡大するのか，それによって燃費が改善する余地があるか否かを判断するのは難しい。筆者の知る限り，すでにデジタルタコグラフを導入していたり，導入していなくてもドライバーにエコドライブの指導を行っている事業者が多いようだが，道路上では明らかにエコドライブをしていないトラックを目にすることも間々ある。とりあえずはこのとおりの削減効果が得られることを期待したいが，排出削減効果が10％程度であるならば，他の対策の補助的な位置づけになる。

2.9　[36]鉄道分野の脱炭素化

　この対策の具体的内容は，「VVVF機器搭載車両，蓄電池車両やハイブリッド車両等のエネルギー効率の良い車両の導入や鉄道施設への省エネ設備の導入等を促進する」というものなので，複数の対策がひとまとめになっている。筆者の知る限り，VVVF（Variable Voltage, Variable Frequency：可変電圧・周波数）の機関車はあるが，そのほかは基本的に旅客車両への導入が見込まれている技術であろう。ただ，「鉄道施設への省エネ設備の導入等」も付け加えられているので，必ずしも旅客中心の対策ではないと捉えられる。

　ここでの対策評価指標は，「エネルギーの使用に係る原単位の改善率（2013年度基準）」となっており，2013年度を100として，2030年度の84.294までほぼ前年度比1％ずつ低下していく値が記入されているが，対策内容や技術との関連は不明である。

　計算根拠としては，「CO_2排出削減量の実績については，『エネルギーの使用の合理化等に関する法律』に基づく定期報告書に記載されている鉄道事業者のCO_2排出量に基づいて算出」とある。「エネルギーの使用の合理化等に関する法律」とはいわゆる省エネ法のことで，これに基づいてJR各社ほかいわゆる大手民営鉄道事業者は特定輸送事業者として指定され，省エネ計画の策定，エネルギー使用量・CO_2排出量の定期報告（毎年度）と，中長期的にエネルギー消費原単位を年率平均1％削減することが求められている。

　ここでの対策評価指標は，この省エネ法が求める「中長期的にエネルギー消費原単位を年率平均1％削減」を記しただけのようにも見える。仮にそうであれば，この対策は省エネ法への鉄道各社の対応そのものであり，鉄道分

野に限らず全分野で省エネ法対応の効果としてまとめるべきだろう。もしそうではなく，これら省エネ型車両の導入促進事業を進めるならば，技術的情報に基づく改善率と導入目標数および輸送需要指標から，CO_2 排出削減量を算出すべきである。

2.10 ［37］船舶分野の脱炭素化

　この対策は，省エネ型の内航船舶導入による効果を目論むもので，LNG燃料船，水素燃料電池船，EV 船などが想定されている。他の対策とは異なり，具体的な算定根拠とプロセスが明記されているので，排出削減見込量の算出をトレースできる。

　ただし，積算の前提として「一隻当りの年間燃料消費量：$2,650 k\ell$（C 重油）（事業者ヒアリング）」とあるが，筆者が GHG インベントリと内航船隻数から算出したところ，$458 k\ell$（2019 年度）となった[16]。一定規模以上の船舶のみを対象とするのかもしれないが，そうであれば明記すべきところである。

2.11 ［38］航空分野の脱炭素化

　この対策の具体的内容でも［37］と同じく多様なものがあげられている。対策評価指標は有償トンキロ当り CO_2 排出量（$kgCO_2$/トンキロ）が設定されているため，貨物輸送に関する内容と推測できる。ただし旅客／貨物の別は記されていない。この値が 2030 年度までに漸次低下していくことによる CO_2 削減を目指すようだが，算定式は明らかでない。

　また，計算方法の説明で「2013 年度比で 2030 年度における有償トンキロの増加率は 19.53％」とあるが，対策評価指標は 2013 年度から 2030 年度までに 16.3％の改善（低下）[17]にとどまる。つまり，輸送量当りの CO_2 排出量は少なくなるものの，それを上回る輸送量増加を見込んでいるので，本来で

16　旅客・貨物あわせて $10,254 ktCO_2$ の排出，7,463 隻，C 重油の排出係数 $3.00 tCO_2/k\ell$ で計算。燃料消費量はすべて C 重油換算。内航船隻数は，国土交通省ホームページ（f）（数字で見る海事 2021）より。

17　2013 年度は $1.3977 kgCO_2$/トンキロ，2030 年度は $1.1693 kgCO_2$/トンキロ。

あれば排出削減見込量は計上できないはずである。計算方法の説明からは，対策を講じない場合と比べてどれだけ排出量が削減できるかを示しているようだが，NDC も地球温暖化対策計画の目標も 2013 年度の実績値と比較して 46%削減するものであり，誤った理解でこの対策をつくったと言わざるを得ない。

2.12 ［39］トラック輸送の効率化

本対策では，積算時に見込んだ前提として，1）25t 車導入に伴う燃料削減効果：約 9,000 ℓ/台，2）トレーラー導入に伴う燃料削減効果：約 24,000 ℓ/台，3）営業用貨物自動車の対自家用貨物自動車比原単位：約 15%，という値が設定され，それぞれの算定式が示されている。分かりづらいものの計算式もトレース可能で，筆者の計算では，1）が 413.7 万 tCO_2，2）が 587.4 万 tCO_2，3）が 150.4 万 tCO_2 の計 1,151.5 万 tCO_2 で，本対策の 2030 年度の削減見込量 1180 万 tCO_2 とかなり近くなる。誤差にしてはやや大きいが，算出法が検証可能なのは評価できよう。

1）と 2）の対策は，いわゆる車両の大型化で，大型車両に貨物を集約して輸送することで燃料消費を削減するものである。計算根拠での説明からは，総重量 20t の車両から同 25t やトレーラーへの転換を想定していることがうかがえるものの，1 台当りの燃料削減効果がどのように算出されたのかは不明なままである。何かしらモデルを設定し，輸送量や走行距離などの指標も用いた説明が欲しいところである。

3）については，営業用トラックと自家用トラックの輸送トンキロ当り CO_2 排出量の違いから，営自転換による排出削減量を計算している。しかし，対策指標となる営自率[18] は 2013 年度の 86.3%から 2019 年度実績値である 87.2%にわずかに上昇したものを，そのまま 2030 年度まで維持するものとなっている。つまり，2019 年度以降の実質的な対策はなく，過去の遺産をそのまま保っているだけであり，これを計上してよいものかは議論の余地があろう。ただし，対象となるトラック輸送量（トンキロ）が大きいた

18　全輸送量（トンキロ）に占める営業用トラック輸送の割合。

め，150 万 tCO_2 程度の削減量となって現れている。

　もとより，営自率は 2010 年頃までメーカー企業等の物流アウトソーシングの進展によって上昇してきたが，2010 年代に入ってからは横ばいが続いており，頭打ちの状態にある。営自転換によって CO_2 が 85 ％も削減できるかについても議論あるところで，積極的に排出削減を見込んでよいものか判断しかねる。

2.13　［40］共同輸配送の推進

　この対策は，独立した 3 つの取り組みがあげられているため，それぞれについて検証していく。ただし，3 つの排出削減見込量は計 11.5 万 tCO_2 で，運輸部門全体の 0.5 ％に過ぎない。確かに共同輸配送は CO_2 削減策として取り上げられることもあるが，実際には他の目的で実施されており，排出削減量がわずかであるならば地球温暖化対策計画から除外してもよいだろう。

（1）　共同輸配送の推進

　共同輸配送とは，異なる荷主や運送事業者が，同一地域を集荷・配達する場合などにトラックを集約することで，運行経費を節減し，燃料消費と CO_2 排出の削減も見込まれる（第 4 章参照）。しかし，ここで対策評価指標に準ずるものとして用いられているのは，求車求貨情報ネットワークの成約件数で，基本的にはいわゆる「帰り荷」の確保が主用途である。積載率が低くトラックのスペースが余っている場合にも使われているようだが，基本的には一時的な利用であり，計画的に実施する共同輸配送を同一扱いするには無理がある。加えて，算定式の説明では，営業用トラック全体の輸送トンキロを輸送トン数や輸送キロ（km）で割ったものが使用されているが，輸送トンキロの概念からはこのような計算は意味を持たなくなる[19]。

19　輸送トンキロは，輸送重量（t）と輸送距離（km）を掛けたもので，貨物 1t と輸送距離 1km の重みが同一となる。ただし実際の輸送は距離や重量が様々で，1 トリップの輸送トンキロを積算したマクロ統計の輸送トンキロを，重量や輸送距離で割っても意味がある数値とはならない。

（2）宅配便再配達の削減の促進

　宅配便の再配達の削減によって燃料消費量を削減することは可能であるが，そもそも共同輸配送とは何の関係もない。話題になっているので無理にこの対策にねじ込んだことがうかがえる。

　計算式はトレース可能な形で示されているものの，その式から推察するに，再配達削減によるトラックの走行距離の減少に基づいて計算すべきところを，無理にトンキロ当り CO_2 排出量の原単位を使っており，過剰なトンキロの計上となっていることは否めない[20]。さらには，営業用トラックのトンキロ当り CO_2 排出量（$808gCO_2/$ トンキロ）を用いているが，これは大型トラックも含めた営業用トラック全体の値で，宅配に用いるような最大積載量 2t 以下の小型トラックの原単位は，当然ながらもっと大きくなる。省エネ法（荷主判断基準）で指定されているトラックのエネルギー消費量の算定法などをもとに，より現実的な計算が求められよう。

（3）ドローン物流

　ドローンによる物流も共同輸配送とは全く関係がない。加えて，2020 年のドローン物流に対する補助事業 1 件当り 16t/ 年の CO_2 排出削減が得られたという前提があるものの，これに対する説明はない。ドローン自体のエネルギー消費に関する言及もなく，2030 年度の事業件数にこの値を乗じて算出しているだけである。さらには，2023〜30 年度の削減量を積算して計上している。排出削減見込量は，積算ではなく単年度で評価しなければならないことが理解されていない。2030 年度単年では 2.4 万 tCO_2 の削減量が算出されているので，これを排出削減見込量として掲載すべきである。いずれにせよ，排出削減量が不透明な上にごくわずかであるため，削除した方がよさそうである。

20　算定に使用している数値に，「積載量の平均想定：1t」とある。営業所等の配達拠点を出発する時点では 1t 程度を積載していても，配達できなかった分以外は帰着時までにゼロとなる。また，再配達時は積載率が低いことも想定される。改良トンキロ法などに基づいた算定の方が現実的である。

2.14 [41] 海上輸送へのモーダルシフトの推進

この対策は，基本的にはトラックから船舶へのモーダルシフトによって排出削減を見込むものとなっている。ただし，第3章で言及したように船舶へのモーダルシフトの効果については過剰に算定されがちである。この対策でも営業用トラックと船舶の CO_2 排出原単位から削減効果が算定されており，目標どおりにモーダルシフトが達成されても CO_2 排出削減量の数字として表れてこない可能性が高い。

算定式自体は特段の誤謬があるわけでもなく，トレース可能な式が明示されているが，2020年度，25年度，30年度それぞれに「対策を実施した場合と，しなかった場合の差分」のトンキロが計算に用いられている。この値は基準年である2013年度のトンキロ実績値と対策評価指標として示されている各年度のトンキロとの差分よりもなぜか大きくなっており，追加説明が求められる。

2.15 [42] 鉄道貨物輸送へのモーダルシフトの推進

この対策は，トラックから鉄道にモーダルシフトすることによる排出削減効果を見込むものであり，船舶と同様の算定法が説明されているため，こちらも同じく過剰に排出削減量が算定されている可能性がある。鉄道コンテナの平均輸送距離などを用い，貨物駅前後の通運トラックを含む輸送モデルを設定し，代替対象の大型トラックによる輸送と CO_2 排出量を比較して排出削減効果を設定すべきである（第3章参照）。

また対策評価指標では，2013年度から2030年度までに63億トンキロがトラックから鉄道にシフトすることとなっている。現実的にこれを担うのはJR貨物であろうが，同社の輸送量は毎年度190億トンキロ程度[21]（うち車扱いは約6%）なので，今後33%程度の輸送量を増加しなければならない。JR貨物のコンテナ積載率は2015〜19年度平均で約75%なので，車扱いを対象外とすれば全てのコンテナ列車を満載しても達成できない。仮にコンテナ積載率が変わらないとすれば，貨物列車の増発等で33%程度の輸送能力を増加させる必要がある。長期的に横ばいから微減傾向にある鉄道貨物輸送

---

21 2018年度190億トンキロ，2019年度197億トンキロ，2020年度180億トンキロ（JR貨物（グループ）レポート各年版より）。いずれも車扱いを含む。

の現況を踏まえれば，革命的な変化がなければ達成できないと思われる。

2.16 ［43］物流施設の脱炭素化の推進

　この対策では，省エネと再エネ導入により物流施設の電力消費量の削減を目指すものとなっているが，倉庫や物流センター等の CO_2 排出量は運輸部門ではなく業務その他部門に計上されている。よって，運輸部門の対策とはなり得ない。

　対策評価指標は「脱炭素化された物流施設の数」（2030 年度で 200 施設）で，算出根拠は「脱炭素化された倉庫 1 施設当りの推定削減量：538 tCO_2」とあるが，それがどのように設定されたのかは説明がない。

2.17 ［44］港湾の最適な選択による貨物の陸上輸送距離の削減

　この対策の具体的内容は，「船舶が寄港可能な港湾の整備等により，最寄り港までの海上輸送が可能となり，トラック輸送に係る走行距離が短縮される」とある。つまり，新たに港湾を造成したり，大型船が寄港できるようにふ頭建設等を行うものと理解できる。ここではそれら自体の是非は問わないこととする。

　対策評価指標は「貨物の陸上輸送の削減量（億トンキロ）」であり，2030 年度までに 35 億トンキロを見込んでおり，これに CO_2 削減原単位として 271gCO_2/ トンキロを乗じた 96 万 tCO_2 の排出削減見込量が示されている。この 271 はどのように算出されたのかは不明である。国土交通省が示している輸送モード別の CO_2 排出原単位（gCO_2/ トンキロ）は，営業用貨物車が 216 で船舶は 43 なので[22]，この 2 つの差であれば 173 でなければならない。

　一方，2019 年度にすでに 35 億トンキロが計上され今後はそれを維持するだけなので，これから何か新しい対策が実施される訳でもない。2013〜19 年度に港湾整備によって陸上輸送量が本当に減少したのか疑問を覚えるが，今後何かに取り組む訳ではないので，実現性等の問題点は特にない。ただ

22　国土交通省ホームページ（a）。

し，政策的に重視すべき対策なのかは疑問である。

2.18 ［45］港湾における総合的な脱炭素化

　この対策では，1）省エネルギー型荷役機械の導入の推進と，2）静脈物流に関するモーダルシフト・輸送効率化の推進，の2本立てとなっている。

　1）では明確に算定に用いた数値は示されており計算をトレースできるが，「燃料の削減率」として示されている0.378という数値が何に基づいているのかの説明はない。また，示されている数字に基づいて筆者が計算したものと排出削減見込量の数字がやや異なるが，$2.65tCO_2$とごくわずかな量しか計上されていないので，目くじらを立てるほどではないだろう。

　2）では，対策評価指標が「陸送から海上輸送にモーダルシフトした循環資源等の輸送量（億トンキロ）」と設定されており，2030年度に4.35億トンキロまで増加することを見込んでいる。しかし，「循環資源の年間輸送量は3万tと設定」とあり，「年間平均輸送距離は630km」とある。ここから輸送トンキロを求めると1890万トンキロとなり，上記の4.35億トンキロに遠く及ばない。どこかの数字が誤っているか計算ミスがあったものと考えられる。

2.19 ［46］地球温暖化対策に関する構造改革特区制度の活用

　この対策は，構造改革特区制度の活用によって特殊な大型車両を導入し，輸送効率を高めてCO_2を削減するものと理解できる。対策評価指標（件）は特区指定件数を示しているようで，2013年度の2件から2018年度に3件となり，2030年度までそのままである。排出削減見込量は2013年度の5.3万tCO_2のまま2030年度まで同じ数字が並んでおり，実質ゼロ削減である。なぜこの対策を組み入れたのか理解できない。

　計算の根拠では，認定中1件の事業における「①公共埠頭への鉄鋼製品陸送車両削減によるCO_2削減量50t/年　②公共埠頭への鋼材陸運車両削減によるCO_2削減量104.8t/年」と，もう1件示されている認定中1件の事業として，「大分コンビナート地区エネルギー共同利用推進協議会におけるCO_2削減量53,243t/年」とあり，こちらが排出削減見込量としては大半を

占めるようである。

ただ，本来は削減効果がなく，計上されている削減量も運輸部門全体の削減見込量 7,800 万 tCO_2 に対してはわずか 0.07% にしかならないものを，ここに示す必要があったのかは理解に苦しむ。

2.20 ［68］脱炭素型ライフスタイルへの転換

計画本文では「国民一人一人の理解と行動変容の促進」（p.96）が 1 ページ半にわたって記されており，部門横断的に一般国民が取り組むべきものと位置づけているようだが，ここに含まれる「エコドライブ（乗用車，自家用貨物車）」と「カーシェアリング」は明らかに運輸部門の対策なので，検討対象として取り上げたい。なお営業用自動車のエコドライブは，既出の［33］にある。

まずエコドライブについて，対策評価指標としてエコドライブ実施率が乗用車で 6% から 67% に，自家用貨物車は 9% から 60% に上昇し，エコドライブによる省エネ効果が 10%，排出削減見込量は 659 万 tCO_2 となっている[23]。2013 年度の自家用乗用車による CO_2 排出量は 10,870 万 tCO_2 である。これが ＋61% の実施率で 10% の排出削減が得られるのであれば，663 万 tCO_2 の削減量が，同様に自家用貨物車は 3,727 万 tCO_2 の排出量から 190 万 tCO_2 の削減量が得られるはずで，計 853 万 tCO_2 の削減見込量を計上してもよくなる。エコドライブ実施率や省エネ効果が現実的かどうかはともあれ，この対策としては効果を過小評価していると言える。

カーシェアリングについては，カーシェアリング実施率（カーシェアリング会員数と人口の比）が 0.23% から 3.42% に上昇するとしているが，そこからどのように排出削減見込量が算出されたのかトレースできる説明は全くない。

2.21 貨物輸送における対策の全体を通して

以上までに見たとおり，大半の対策において算定プロセスが不明である

---

23 ただし，2013 年度に 28 万 tCO_2 が既に計上されている。

か，ロジックが合わないか，何かしらミスがあるようなものとなっている。まずは各対策をしっかり見直すのが先決だろうが，個々の対策の削減量を単純に積み上げるのではなく，各対策による効果が運輸部門全体の排出量にどのように，どの程度作用するのかを体系的に整理しなければ，現実的な政策パッケージにはなり得ない。今一度部門全体の施策を見直し，目標年度の貨物輸送がどのようなものになるのかというビジョンを示した上で，個々の対策を検討していくべきであろう。例えば，モーダルシフトを実施すればトラックの輸送需要が減少し，トラックの燃費改善の効果も変わる。それぞれが影響し合うため，マクロでの主要指標も設定した上で，個別対策の目標値との関係を整理することが求められる。

　次節では，第2章で取り上げた「FI 式」で，これまでの貨物輸送による CO_2 排出がどのような要因で変化したのか分析を試みていく。将来の予測，排出削減目標の設定にも参考になるだろう。

3
·········

排出削減は政策の効果ではなく貨物が減ったから： FI 式に基づく日本の対策・政策の効果分析

3.1　これまでの CO_2 排出削減政策

　日本政府は，京都議定書に対しては「京都議定書目標達成計画」（2005 年）を，パリ協定に対しては「地球温暖化対策計画」（2016 年）を策定しているが，前者の各対策の検証は行われていない。また，パリ協定において「世界全体の平均気温の上昇を工業化以前よりも摂氏二度高い水準を十分に下回」り，「摂氏一・五度高い水準までのものに制限するための努力」（パリ協定第2条）が求められていることを踏まえれば，これらの対策の実効性を検証するための枠組みが求められる。

　一方，CO_2 排出削減政策においてこれまで国内の物流業界に大きな影響を与えたのは，2005 年の「エネルギーの使用の合理化等に関する法律」（省エネ法）の改正である。この改正では一定の規模以上の輸送事業者を特定輸送事業者[24] として，同じく一定規模以上の荷主を特定荷主[25] として指定し，

省エネ計画の作成と毎年のエネルギー使用量等の報告（定期報告）を義務づけた。省エネ計画では，エネルギー消費原単位を中長期的に年平均で1%以上低減することが求められた。

特定荷主となった企業は，定期報告のために自社貨物の輸送距離や燃料使用量のデータが必要となったため，輸送事業者にそれらの提供を求めるなどデータを把握する取り組みが広がり，荷主企業も貨物輸送の CO_2 排出やエネルギー消費に目を向ける契機となった。

しかしながら，貨物輸送全体の CO_2 の排出削減やエネルギー効率の向上の進展については検証されていない。日本の貨物輸送による CO_2 排出量は，1996年度の 113,446ktCO$_2$ をピークに減少傾向に転じ，2005年度は99,859ktCO$_2$，2020年度は 80,488ktCO$_2$ となっており（GHG インベントリ），省エネ法改正の効果があったようにも見える一方，2000年代以降の国内貨物輸送量は重量，トンキロともに減少傾向にあり，貨物輸送需要の減少が影響したようにも見える。

このため本書では，個別の取り組み事例や成果ではなく，日本全体の動向を捉え得るマクロ統計を用いて，省エネ法改正によってエネルギー消費効率の向上が図られたのか，および CO_2 排出量の減少がどのような要因で起こったのかについて分析を試みていく。

3.2 既存研究における CO_2 排出削減対策の分析・評価

個別企業やサプライチェーンでの CO_2 排出削減に関する取り組みに関しては，矢野（2012）が企業における環境対応の視点を整理している。また，具体的な CO_2 排出効率については長岡（2015）が費用面も含めた指標を提起しており，実際の事業における環境対策の評価は丸山ら（2010）が行っている。また，複数企業の比較分析は，加納（2010）が環境報告書の記載内容をもとに行っている。これらは企業における取り組みや改善を評価する上では一定の有効性を持つが，マクロ的に日本全体でどの程度の排出削減効果が得られたかについては，基本的に関連がない。

24　トラックの場合は200両以上を保有する事業者。自家用トラックも対象となった。
25　自家輸送か委託輸送を問わず年間3000万トンキロ以上の貨物の荷主となる事業者。

マクロでの政策評価に関しては，政府の立場から宮澤（2008）が旅客輸送を含む運輸部門の CO_2 排出削減対策の成果を，各対策の目標指標の実績値をもとに試算しているが，CO_2 排出量の実績値とはリンクしておらず，あくまで指標値の検証にとどまっている。運輸部門のマクロ的な CO_2 排出量のマネジメントについては，兒山（2014）が排出取引の可能性を論じており，排出取引制度の導入が排出削減に有効であることが理論的には認められるものの，排出量の配分の公平性や取引コストの高さなどから現実的には難しいことを指摘している。また，環境省が主体となって推進しているＪクレジット制度は，排出削減プロジェクトによって創出されたクレジットを国内取引可能な排出量として承認しているが，近江（2014）が指摘する方法論上の問題点は依然として残ったままであり，国際的に取引可能なクレジットの創出をもくろむ JCM 制度も同様である。

3.3　省エネ法改正による効果

　前記のとおり，2005 年に改正された省エネ法は，貨物輸送の意思決定者としての荷主企業に貨物輸送の省エネ対策を義務づけた点で画期的であり，荷主に対して省エネや CO_2 排出削減を求めている世界で唯一の法制度と思われる（Omi, 2019）。これは，サプライチェーン，バリューチェーンにおいて影響力の強い企業が率先して環境・地球温暖化対策に取り組むべきという近年の風潮[26] が現れ始める前のことであり，この意味では先進的であったと言える。

　また，2005 年には日本ロジスティクスシステム協会，日本物流団体連合会，経済産業省，国土交通省の４者が「グリーン物流パートナーシップ会議」を設立し，物流事業者，荷主企業，行政が連携した環境負荷低減への取り組みが開始され，モデル事業に対する補助金の交付や優良事業者の表彰などが行われた。

26　例えば，世界の大手企業に気候変動対策等の情報開示を求める NPO である CDP（旧 Carbon Disclosure Project，本部イギリス）や，サプライチェーンでの GHG 排出量算定の標準化を推進する Smart Freight Centre（本部オランダ）などの取り組みがあげられる。投資や金融に関する動きは水口（2017）に詳述されている。

これらは地球温暖化をはじめとする環境対策を物流においても浸透させたと言えるが，国内物流からのCO_2排出削減にどの程度寄与したのかについては検証されていない。そこで本節では，まず省エネ法改正による効果をマクロ統計を用いて確認する。省エネ法では「貨物の輸送に係るエネルギーの使用量と密接な関係をもつ値」[27]を分母とする「エネルギー消費原単位」の低減が目的とされているため，輸送トンキロ当りのエネルギー消費量を，物流のエネルギー効率を計測する指標として設定する。

　図5-4[28]のとおり，省エネ法が改正された2005年度を基準（100）として見ると，コロナ禍直前の2019年度では貨物部門計で101となっており，省

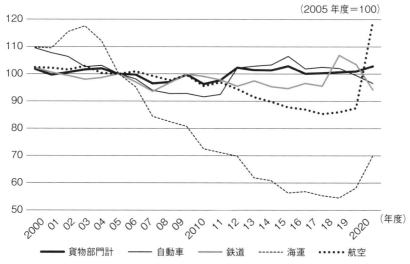

（2005年度＝100）

図5-4　輸送トンキロ当りエネルギー消費量の推移（指数）

出所：日本エネルギー経済研究所計量分析ユニット編，2022より筆者作成

27　経済産業省・国土交通省告示第4号，貨物輸送事業者に行わせる貨物の輸送に係るエネルギー使用の合理化に関する荷主の判断基準（平成18年3月29日付）。

28　『エネルギー・経済統計要覧』掲載の輸送トンキロは，各種輸送統計の値と若干異なるが，本図で表す指数の推移を把握する上では大きな差異が見られなかったとこから，使用データ源を同書に統一することとした。以下の図もすべと同じ扱いとしている。

エネ法改正時からほとんど変わっていない。海運はコロナ禍前まで 60 を下回るまで大きく改善されたが，トンキロで 55.4%，エネルギー消費量では91.8%（いずれも 2020 年度）を占める自動車（トラック）では，2020 年度で 97 と，わずかな改善にとどまる。

海運でのエネルギー効率改善については，森本・坂本（2017）によれば，航海速度の低下や運航データの船陸間での共用による省エネ運航が 2000 年代から始まり，船上の通信環境改善に伴う運航改善の取り組みが 2010 年頃から普及しており，これらが影響したものと推測される。一方自動車（トラック）は，グリーン経営認証制度[29] の普及や共同輸配送などが進展したものの，全体的に大きな改善には結びつかなかったようである。

3.4 マクロ統計を用いた Freight Identity（FI）式による分析

貨物輸送に関する CO_2 排出を分析するフレームワークは第 2 章のとおりで，国全体の排出量を分析し得るものは，茅恒等式に基づいて岡田（2008a）および McKinnon（2018）が提唱した"Freight Identity（FI 式）"である。よって，本節でもこの枠組みを用いて実際の統計値を分析し，排出削減対策が CO_2 排出削減に寄与しているかを検証していく。FI 式は以下のとおりであるが，第 2 章でも触れたとおり，ここでは輸送モードごとに分けずに FI式での分析を行う。

$$Freight\ CO_2\ Emissions = GDP \times \frac{tonne\text{-}km}{GDP} \times \frac{energy}{tonne\text{-}km} \times \frac{CO_2}{energy}$$

$$= GDP \times Transport\ Intensity \times Energy\ Efficiency \times Carbon\ Content$$

（第 2 章より再掲）

---

[29] 交通エコロジー・モビリティ財団による認証・登録制度。2003 年 10 月のトラック運送事業者向けを皮切りに開始され，2019 年 3 月末現在，認証登録した事業者数は3,456 社ある（交通エコロジー・モビリティ財団ホームページ）。

（1）　構成データの推移

　まず，FI 式を構成するデータの推移について，京都議定書の基準年は1990 年度だが，統計の制約で 1991 年度を 100 として示すと，図 5-5 のとおりとなる。実質 GDP はリーマンショックによる 2008〜09 年度とコロナ禍の 2020 年度に大きく落ち込んでいるものの，ほぼ増加基調にある。一方，貨物輸送需要を表すトンキロは 2000 年代前半まで増減を繰り返したのち，リーマンショックで大きく落ち込み，その後は回復せず横ばい傾向が続いて，コロナ禍の 2020 年度に落ち込んだ。貨物輸送によるエネルギー消費量と CO_2 排出量は 1990 年代後半をピークに減少に転じ，年による増減はあるもののその傾向が直近まで続いている。

　以上より，GDP とその他のデータから 1990 年代後半から 2000 年頃にいわゆるデカップリングに転じたと捉えられる。

（2）　Freight Identity 各項の推移

　FI 式の各項を算出し，同じく 1991 年度を 100 とする推移は図 5-6 のとおりとなる。実質 GDP がリーマンショック時以外は増加基調であるのに対し，*Transport Intensity* $\left(\frac{tonne\text{-}km}{GDP}\right)$ はほぼ一貫して減少しており，GDP と

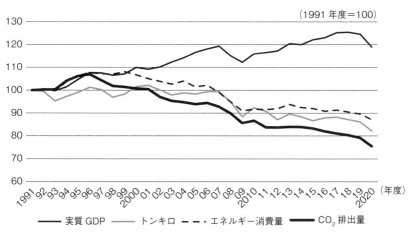

図 5-5　FI 式構成データの推移（1991 年度比）

出所：日本エネルギー経済研究所計量分析ユニット編，2022，および GHG インベントリより筆者作成

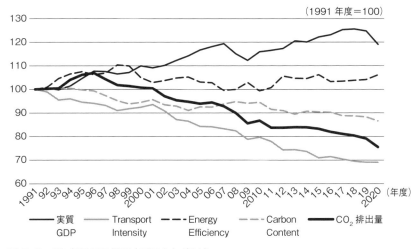

図 5-6　FI 式各項の推移（1991 年度比）

出所：日本エネルギー経済研究所計量分析ユニット編，2022，および GHG インベントリより筆者作成

　貨物輸送需要のデカップリングが継続的に進展していることがうかがえる。これに対し，*Energy Efficiency*$\left(\dfrac{energy}{tonne\text{-}km}\right)$は 1990 年代後半までに 1 割ほど増加したのち 100 を少し上回る水準で推移している。*Carbon Content*$\left(\dfrac{CO_2}{energy}\right)$は微減傾向が続いている。

　貨物輸送による CO_2 排出量は 1990 年代中頃まで増加したのち，直近年度まで減少基調となっており，他の部門に比較して排出削減の優等生的位置づけにあった。その原動力が *Transport Intensity* となっている。

（3）　Freight Identity の寄与度による分析

　貨物輸送による CO_2 排出量の変化を，（2）で算出した FI 式各項の寄与度で表すと，図 5-7 のとおりとなる[30]。この図は，1991 年度からの CO_2 排出

30　寄与度の算出法は平口・稲葉（2020）に準拠し，下記の手順で算出した。
　　Freight Identity の各項の y 年の値を以下のとおりとした場合，
$$CO_{2y} = G_y \times T_y \times E_y \times C_y$$
　　前年度からの変化に対する寄与度は，以下の式が成立するとし，右辺各項をそれぞれ算出することで把握することとした。
$$\frac{\Delta CO_{2y}}{CO_{2y-1}} \approx \frac{\Delta G_y}{G_{y-1}} + \frac{\Delta T_y}{T_{y-1}} + \frac{\Delta E_y}{E_{y-1}} + \frac{\Delta C_y}{C_{y-1}}$$

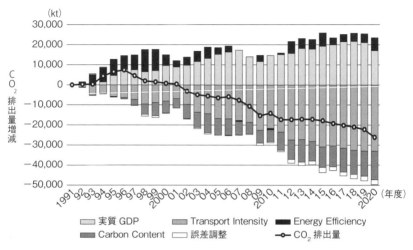

図 5-7　FI 式各項寄与度の推移（1991 年度比）

出所：日本エネルギー経済研究所計量分析ユニット編，2022，および GHG インベントリより筆者作成

量の変化がどの項によってもたらされているのかを示すものである。

　図 5-7 より，一貫して実質 GDP が CO_2 排出量の押し上げ要因となっているのに対して，逆に *Transport Intensity* が一貫して大きな押し下げ要因として作用し，2000 年代後半からは実質 GDP の増加を上回る強さで CO_2 排出量を減少させていることがわかる。これに対し，*Energy Efficiency* は押し上げ要因として表れているが，その寄与度は 2000 年代以降小さく，CO_2 排出量にはさほど影響していないことがわかる。*Carbon Content* は下げ方向に働いているが，この間大きな燃料・エネルギーの転換はなく，その理由は不明である。

（4）　分析結果の考察

　以上のとおり，FI 式に基づいて貨物輸送による CO_2 排出量の推移を寄与度で分析すると，実質 GDP が増加要因となっているものの，それを上回る形で *Transport Intensity* が減少要因として作用し，1990 年代後半以降はほぼ一貫して CO_2 排出量が減少していることが把握できた。*Transport Intensity* は GDP 当りの貨物輸送トンキロであるため，貨物輸送需要を生む第一

次，第二次産業の GDP に占める割合が減少するという産業構造の変化が，貨物需要と経済成長のデカップリングとして現れ，CO_2 排出量の減少要因となっていると言える。

一方，荷主企業に対する規制を導入した 2005 年の省エネ法改正は，同法の取り組みの評価指標であるエネルギー消費原単位に近い *Energy Efficiency* を見る限り，ほとんど効果が現れていないことも確認できた。

省エネ法は個々の企業に対してエネルギー効率の改善を求めるものであり，各企業はそれぞれにエネルギー消費原単位の改善に取り組んでいると思われるが，それが貨物輸送全体での CO_2 排出量の減少には結びついておらず，対策とはあまり関係のない *Transport Intensity* が排出削減の主因となっている。よって同法の効果はほとんど認められないものと言える。

(5)　今後の CO_2 排出削減に向けて

現在の省エネ法では，個々の事業者に対する取り組みを求めてはいるものの，貨物輸送全体による CO_2 排出量およびその削減量のマネジメントには結びついておらず，法改正の効果を評価できない状態となっている。FI 式に基づいてマクロ統計データを分析すれば，対策が奏功しているか否かがある程度分かるようになる。

省エネ法所轄官庁においては，この FI 式各項と CO_2 排出量を年度ごとに目標値として設定し，少なくとも数年に 1 回は統計の実績値をもとにチェック，レビューを実施することが望ましい。併せて，地球温暖化対策計画における各対策項目とその目標値が，FI 式の項に結び付けられれば，対策が体系化され，全体の排出量との関連もかなり明瞭になり，政策評価にも利用できると考えられる。カーボンバジェットの状況を踏まえれば，ドラスティックな個別対策の推進とともに部門全体での CO_2 排出量のマネジメントも必要である。本章の分析法も活用されることを期待する。

カーボンバジェット指標
の活用と管理

　第1章から第5章まで，様々な内容を検討してきたが，それらをごく短くまとめると以下のようになろう。気候変動はかつてないスピードで進行中であり，危険水準とされる産業革命時からの気温上昇 1.5 ℃に至る可能性が高い。気温上昇と累積 CO_2 排出量は比例関係にあり，1.5 ℃までのカーボンバジェット（今後許容できる累積排出量）はあと数年分しか残っていない。よって，喫緊にかつドラスティックに CO_2 排出削減を実現すべく，化石燃料からのエネルギー転換ほか実用段階にある技術や対策を速やかに導入しなければならない。

　日本の運輸部門および貨物輸送からの CO_2 排出量はこれまで減少してきているが，カーボンバジェットを踏まえればより強力に排出削減を進める必要がある。ただし，トラック等の輸送手段からの直接排出量だけを減らせばよい訳ではなく，エネルギー製造等のプロセスも含めた WTW での排出削減が求められており，それを評価する基準が国際的に定まってきている。一方で，貨物輸送あるいは運輸部門全体での排出量は管理できておらず，茅恒等式をもとに開発された FI 式がその1つのツールとなり得る。

　これまでの CO_2 排出削減の主要施策にモーダルシフトがあるが，モーダルシフトによる排出削減の根拠として示されている輸送手段別のトンキロ当り CO_2 排出量は，物流の実態を踏まえ，かつ元の統計データを詳細に見直すと，効果はかなり限定的となり，ポテンシャルとしてもトラック輸送貨物の多くを受け入れることは厳しい。

乗用車では EV や FCV など車両からの排出がゼロになる技術が普及しつつあるが，トラックは世界的にもあまり進んでいない。また，EV や FCV ではエネルギー製造時に CO_2 を多く排出する場合もあり，WTW で評価する必要がある。小型車では海外とくに中国と EU で EV が急速に普及しており，FCV に大差をつけているため，いずれトラックでも EV 化が主流になる気配である。長距離走行する大型トラックを EV 化するには，BEV だと多量のバッテリーを搭載しなければならないが，高速道路等で走行中給電できる技術が実用段階にあり，これが普及拡大すれば大型トラックも EV 化が可能となり，再エネ電力の利用とあわせて大幅な排出削減が期待できる。

　他方，2021 年に策定された「地球温暖化対策計画」における貨物輸送に関する各対策では，大半で目標年度の排出削減見込量の算定が適切に行われておらず，実効性が極めて乏しいと言わざるを得ない。また，温暖化防止を主要目的の 1 つとして施行された改正省エネ法について，マクロ統計で分析するとその効果はほとんど認められない。これまで貨物輸送で排出量が減少していたのは，主に貨物輸送需要が減少したためと捉えられる。今後は導入する政策をしっかり評価するためにも，マクロ指標での目標値設定も検討に値しよう。

　筆者として本書の内容を紹介するなら以上のようになろうが，各章は相互に複雑に関連しており，それを紐解いていくとまた別の章構成になる可能性もある。また，気候変動に関する国際交渉や技術開発の状況はどんどん変化しており，本書の内容も間もなく陳腐化するかもしれない。ただ，CO_2 を大気中に排出すると気温上昇するというのは自然の法則であり，それを人間の活動に結び付ける指標がカーボンバジェットである。このカーボンバジェットを踏まえながら，それぞれの対策，政策，あるいは社会変革を物流でも実行する必要性がある。排出削減対策を列挙し積み上げて国全体の計画を構成するのも否定しないが，重要なのはカーボンバジェットがなくならないか，将来世代に残せるのかである。カーボンバジェットを国全体のものとして管理することで，逼迫度や喫緊性も明らかとなり，脱炭素社会への転換を加速させられるであろう。

おわりに

　筆者は，ビジネスや政策の現場に近いところで仕事をしたくて，修士課程修了後にシンクタンクに入社し，2社で計18年間調査業務に携わってきた。大学で研究していてはおそらく関わることがない様々な事案に，好むと好まざるとにかかわらず首を突っ込み，現場に近い環境に身を置くという面では，希望通りの職に就けたと言える。経歴だけを見れば就職氷河期の最初の世代としてはかなり恵まれていたと思われるかもしれないが，まさしくバブル崩壊後の「失われた20年」をシンクタンクで過ごしたことになる。正直に言えば，つねに閉塞感を覚えながら仕事をこなしていたというのが実感である。

　民間シンクタンクは，行政や業界団体等から委託される調査が大半の業務で，この業界に多少の土地勘がある方なら分かると思うが，多くの場合調査結果の如何を問わず結論は予め決まっており，既に定まっている方針や方向性を正当化するための調査報告書を作成することが毎年度のルーティンとなっていた。その方向性が社会的に妥当であり，新たなビジネスや環境保全につながるようなものであれば調査も楽しみながら進められたが，その逆の場合もしばしばある。既得権益を守る，あるいは本来取り組むべきことをやらない口実のために，報告書を作成せざるを得ないこともあった。そのような中でも，自分なりに環境を守り経済が適切に活性化するような味付けをしてきたつもりだが，受託調査である以上，クライアントが決めた方針を変えることはできなかった。幸か不幸かその反動が現在の研究の原動力となっているのは事実である。

　ただ，ずっと閉塞感を抱えながらの仕事だったかと言えば決してそうではなく，退職前の数年間は海外の業務を企画して担当することが多くなり，多くの知見と刺激を得られたことは間違いない。中でも最も印象的だったのは，マレーシアでのCDMプロジェクトである。第1章ではCDMを批判的に取り上げているが，当時は日本の排出削減目標が6%で，「脱炭素」という言葉はまだ生まれていなかった時代である。CDMプロジェクトは国連が

定めた厳格なルールに従って設計して承認を得る必要があり，かつ日々の
データを保管，集計して排出削減量を算定しなければならない。非常に手間
がかかり現場の負担も大きい。私の企画したプロジェクトは，マレーシアの
グループ企業で受け入れてくれたはいいものの，現地を訪れれば面倒な仕事
を作りやがって，という冷ややかな視線を浴びる。拙い英語で現場のマネー
ジャーらと丁々発止の議論をしながら進めて実施体制を整え，なんとかクレ
ジット（取引可能な排出削減量）の発行までたどり着けたのは思い出深い。
そんなこんなで現地の方とは信頼関係が生まれ，大学に転身後も度々調査で
訪れては世話になっている。コロナ禍が明けた今夏は学生を連れて訪問する
予定である。

　シンクタンクの研究員から大学教員に転身したのは，2014年の春である。
講義やゼミになんとか慣れ始めた3年目に科研費を得て，物流の温暖化対
策の研究に本格的に着手した。日本ではこの分野の研究実績はかなり少な
かったが，ヨーロッパでは多くの論文や書籍が出版されていることが見えて
きた。そこで，何のコネもないまま2017年春にヨーロッパの調査機関と研
究者を訪問し，自分の問題意識と照らし合わせながらいろいろとアドバイス
を頂いたが，中でもキューネ・ロジスティクス大学（独・ハンブルク）のア
ラン・マキノン教授からは多くの示唆に富む知見と研究への激励を受けた。
マキノン教授がその後上梓した"*Decarbonizing Logistics*"は筆者のバイブ
ルとなっている。おそらくはこの本を和訳した方が日本の研究や政策に与え
るインパクトは大きいと思われるが，大部かつ多岐にわたる内容のため筆者
の手に負えるものではない。本書の読者でさらに広く深く学びたいと思われ
る方は，英文ではあるものの是非一読をお薦めする。

　その後何回か訪欧し，本書でも紹介したGLEC Frameworkを策定した
Smart Freight Centre（蘭・アムステルダム）のソフィ・プント氏とアラン・
ルイス氏にも会って，物流やサプライチェーンでいかにCO_2排出を減らし
ていくべきかについていろいろと議論させてもらった。筆者は改正省エネ法
やCDMにかかわった経験から，CO_2排出量の算定は単に実績値を把握する
だけでなく，サプライチェーン全体で排出削減に取り組むための算定の枠組
みを適切に確立させる必要性を強く認識していたので，GLEC Framework

の策定を主導した両氏とは話が合ったのだと思う。ルイス氏はその後ISO14083の作成，発行にも大きな役割を果たし，EU以外でも活躍されるのではと期待している。

国際標準をつくりそれを他地域にも広げて主導権を得ようというEU流のやり方に嫌悪感を示す方もいるが，もし対抗して日本が主導権を得るならば，真っ向からロジカルな議論を挑むか，排出削減の実績をどんどん上げていくしかない。そのためにも実施する排出削減対策が他所での排出増を引き起こすようなことがあってはならない。これはCDM方法論では「リーケージ（漏出）」として扱われ，リーケージがある場合はそれによる排出増を保守的に多く見積もらなければならないため，その分プロジェクトの削減量が低く抑えられる。場合によってはプロジェクトが認められないこともあり得る。Well-to-Wheel評価を取り込んだGLEC FrameworkやISO14083は，ロジカルにリーケージに対応していると言えよう。日本の業界や政策も早晩これら標準化の波に巻き込まれてくる。その際の予備知識や論点を多少なりとも本書が提供できればと思っている。

筆者が本書を作成しようと思い立ったのは，これまでの業務や調査研究で得た知見を著したい気持ちが生まれたこともあるが，それ以上に物流でのCO_2排出削減を進めるため，地に足の付いた議論を研究者，業界関係者，政策担当者の皆様に行っていただきたいというのが第一である。そのため，できるだけ統計データ等での裏づけを取りながら本書を書き進めた次第である。無論，本書に対する反論，批判は大歓迎である。物流はLogisticsでもあり，語源がLogicalと同一のように思われる。本書を起点として，物流の脱炭素に関するロジカルな公論が形成されるならうれしい限りである。

最後になったが，日本の皆様にも多くお世話になったことを記さなければならない。筆者の地球温暖化やエネルギーに関する知見は，認定特定非営利活動法人地球環境市民会議（CASA）の「CC研究会」の議論で得た培ったものが大きい。同研究会を主宰する北海学園大学の上園昌武先生，CASA専務理事で弁護士の早川光俊先生ら研究会のメンバーと，CASA事務局の皆様にはほぼ日常的にお世話になっている。とくに研究会のコアメンバーで産業

技術総合研究所の歌川学先生には，種々のデータや統計の活用・分析において多大なご教示を賜り，共同で研究報告させてもらった例も多くある。ひとくくりにして申し訳ないが，改めて御礼を申し上げる。

　本書の執筆途上においては，桃山学院大学の福田晴仁先生と鉄道貨物に関する議論を沢山させていただいた。鉄道を愛する者同士，鉄道貨物に対して厳しくも真っ当な議論をすべきという共通のスタンスを持てていることは，大いに研究上の励みとなっている。

　先にも記したが，筆者はもともと現場指向で，やや理論的な研究になろうともビジネスや政策の現場から乖離しないよう心掛けている。その意味では，大阪・門真市の㈱エコトラックの創業者で代表取締役社長の池田雅信さんから折に触れて教えていただくトラック業界の状況などは，非常に重宝している。ゼロからトラック会社を立ち上げ，排出ガスがクリーンな CNG 車のみでビジネスをどんどん大きくしてきた池田さんは，いつも何でも外連味なく話してくれる。筆者が大学に在職しながらも現場感覚を失わずに研究できているとすれば，池田さんの存在があってこそのものである。

　ところで，表紙のカバー絵と本書のタイトルとのミスマッチが気になった方もいるかもしれない。物流は「モノ」を扱う経済活動であり，一般的にはあまり人間味を感じることはないものの，我々の日々の生活を支えサプライチェーンを紡ぐ重要な役割を担っている。ひとたび災害などで物流が寸断されれば，直接被災していなくても日常生活が脅かされることは東日本大震災などで多くの方が理解されたかと思う。また，本書のもう１つのテーマである脱炭素は，地球の将来にかかわる取り組みであり，仮に脱炭素が進まず地球の気温が上昇すれば，若い世代ほどその脅威に長く強く曝されることになる。このような筆者の認識から，物流関連の書籍でありながら表紙にはあえて人物，それも若者の顔を載せたいと思った次第である。将来に不安を覚えながらもしっかりと現実を見据える若者の眼差しを，というかなり無体な注文で，前職で同僚だった大分県立芸術文化短期大学の白石恵里先生に描いていただいた。この絵は鉛筆画なので炭素の結晶による表現である。強いまなざしの瞳から顔の輪郭に向けてグラデーションで薄くなっていくのは，「脱炭素」のメタファーにもなっている。彫塑が専門の白石先生であるが，

期待をはるかに超えながらも筆者の意図を汲んだ絵を作成いただいたことに感謝申し上げる。

　本書は，久留米大学商学部教育研究振興資金の助成を得て出版することができた。快く支出を認めてくださった大学関係者の皆様に御礼を申し上げる。また，筆者は2021年に久留米大学に転籍し，快適な研究環境が得られたからこそ本書を執筆できたと思っている。そのような環境をつくり維持されてきた先輩の諸先生方，事務職員の方々には深く敬意を表したい。

　出版に際しては，白桃書房の平千枝子さん，金子歓子さんにお世話になった。研究者のみならず多くの方に読んでもらえるよう，随所でアドバイスをいただきながら修正，校正して仕上げることができた。研究書としてはあまり見られない表紙絵を了承してくださったことと併せて，ここに御礼を申し上げる。

　本書は，筆者が研究代表者として助成を受けたJSPS 科研費 16K00693「低炭素社会に向けた物流・ロジスティクスに関する研究」および 22K01778「脱炭素社会に向けた物流 CO_2 排出量マネジメントと政策・施策の体系化」の成果の一部である。

　　　2023年5月　雲仙のスカイラインをはるかに望む久留米大学の研究室にて

　　　　　　　　　　　　　　　　　　　　　　近江　貴治

参考文献・資料

文献

Ainalis, D. T., Throne, C. and Cebon, D. (2020), White Paper: Decarbonising the UK's Long-Haul Road Freight at Minimum Economic Cost, https://www.csrf.ac.uk/wp-content/uploads/2020/11/SRF-WP-UKEMS-v2.pdf, 2023 年 1 月 31 日閲覧.

安全なエネルギー供給に関する倫理委員会：吉田文和・シュラーズ, ミランダ編訳（2013）, ドイツ脱原発倫理委員会報告：社会共同によるエネルギーシフトの道すじ, 大月書店.

Asian Development Bank (2009), Changing Course: A New Paradigm for Sustainable Urban Transport.

明日香壽川（2021）, グリーン・ニューディール：世界を動かすガバニング・アジェンダ, 岩波新書.

CDP (2021), CDP サプライチェーンレポート 2020 ダイジェスト版【日本語】, https://cdn.cdp.net/cdp-production/comfy/cms/files/files/000/004/318/original/CDP_SC_Report_V6.1_Japanese_web.pdf, 2022 年 5 月 18 日閲覧.

CE Delft (2007), Handbook on Estimation of External Costs in the Transport Sector Version 1.0.（その後 Ver.1.1 にマイナーチェンジ, https://transport.ec.europa.eu/system/files/2016-09/2008_costs_handbook.pdf）

地球環境戦略研究機関（2019）, 「IPCC1.5 ℃特別報告書」ハンドブック：背景と今後の展望（改訂版）, https://www.iges.or.jp/jp/pub/ipcc-gw15-handbook/ja, 2023 年 3 月 7 日閲覧.

地球環境市民会議（2019）, 地域脱炭素発展戦略の政策提言 Ver.1, https://www.casa1988.or.jp/2/CASA2030Model/CBReport1906.pdf?V1908051640, 2023 年 3 月 7 日閲覧.

土肥学・曽根真理・瀧本真理（2012）, 自動車走行時の CO_2 排出係数及び燃料消費率の更新, 土木技術資料 54(4), pp.40-45, https://www.pwrc.or.jp/thesis_shouroku/thesis_pdf/1204-P040-045_dohi.pdf, 2022 年 8 月 22 日閲覧.

エコ燃料利用推進会議（2006）, 輸送用エコ燃料の普及拡大について, https://www.env.go.jp/earth/ondanka/biofuel/materials/rep_h1805.html, 2023 年 4 月 1 日閲覧.

エネルギー庁総務課戦略企画室（2022），令和2年度（2020年度）におけるエネルギー需給実績（確報），https://www.enecho.meti.go.jp/statistics/total_energy/pdf/honbun2020fykaku.pdf, 2022年5月3日閲覧.

FAO（2020），Global Forest Resources Assessment 2020: Main report, https://doi.org/10.4060/ca9825en, 2021年10月5日閲覧.

FoE Japan・地球・人間環境フォーラム・バイオマス産業社会ネットワーク（2007），持続可能性に配慮した輸送用バイオ燃料利用に関する共同提言，https://www.gef.or.jp/news/2007/kyodoteigen_biofuel070208.pdf, 2023年1月27日閲覧.

福田晴仁（2019），鉄道貨物輸送とモーダルシフト，白桃書房.

邉見達志・山口和子・石川貴之・山崎創史・大塚美嵯子（2021），COP26で動き出す脱炭素ビジネス：パリ協定第6条に関する国際会議の決定概要編，https://www.murc.jp/report/rc/column/search_now/sn211228/, 2022年1月27日閲覧.

平口良司・稲葉大（2020），マクロ経済学：入門の「一歩前」から応用まで（新版），有斐閣.（ウェブサポート「第10章・補論3：掛け算の変化率と成長会計の導出」，http://www.yuhikaku.co.jp/static/studia_ws/index.html#isbn_9784641150768, 2020年5月2日閲覧）

IEA（2020），The Role of CCUS in Low-carbon Power Systems, https://iea.blob.core.windows.net/assets/ccdcb6b3-f6dd-4f9a-98c3-8366f4671427/The_role_of_CCUS_in_low-carbon_power_systems.pdf, 2022年2月7日閲覧.

IEA（2022），Global EV Outlook 2022, https://www.iea.org/reports/global-ev-outlook-2022, 2022年6月24日閲覧.

IMO（2018），Initial IMO Strategy on Reduction of GHG Emissions from Ships, https://wwwcdn.imo.org/localresources/en/OurWork/Environment/Documents/Resolution%20MEPC.304%2872%29_E.pdf, 2023年2月3日閲覧.

IMO（2021），Fourth IMO Greenhouse Gas Study 2020, https://wwwcdn.imo.org/localresources/en/OurWork/Environment/Documents/Fourth%20IMO%20GHG%20Study%202020%20-%20Full%20report%20and%20annexes.pdf, 2023年2月3日閲覧.

IPCC（2000），Intergovernmental Panel on Climate Change: Emissions Scenarios (2000), https://www.ipcc.ch/report/emissions-scenarios/, 2019年7月27日閲覧.

IPCC（2006），2006 IPCC Guidelines for National Greenhouse Gas Inventories, https://www.ipcc-nggip.iges.or.jp/public/2006gl/, 2023年3月8日閲覧.

IPCC（2013a）, Annex III: Glossary ［Planton, S.（ed.）］. In: *Climate Change 2013: The Physical Science Basis. Contribution of Working Group I to the Fifth Assessment Report of the Intergovernmental Panel on Climate Change* ［Stocker, T.F., D. Qin, G.-K. Plattner, M. Tignor, S.K. Allen, J. Boschung, A. Nauels, Y. Xia, V. Bex and P.M. Midgley（eds.）］. Cambridge University Press, Cambridge, United Kingdom and New York, NY, USA.

IPCC（2013b）, 気候変動 2013：自然科学的根拠 気候変動に関する政府間パネル第 5 次評価報告書第 1 作業部会報告書政策決定者向け要約（2015 年 12 月 1 日版）（気象庁訳）, https://www.data.jma.go.jp/cpdinfo/ipcc/ar5/ipcc_ar5_wg1_spm_jpn.pdf, 2021 年 11 月 19 日閲覧.

IPCC（2018）, Global Warming of 1.5 ℃ : Summery for Policymakers, https://www.ipcc.ch/site/assets/uploads/sites/2/2018/07/SR15_SPM_version_stand_alone_LR.pdf, 2019 年 3 月 5 日閲覧.

IPCC（2021）, 気候変動 2021：自然科学的根拠 IPCC 第 6 次評価報告書第 1 作業部会報告書政策決定者向け要約（SPM）暫定訳（2022 年 12 月 22 日版）（気象庁訳）, https://www.data.jma.go.jp/cpdinfo/ipcc/ar6/IPCC_AR6_WGI_SPM_JP.pdf, 2023 年 2 月 9 日閲覧.

石崎啓太・中野冠（2018）, 内燃機関自動車，ハイブリッド自動車，電気自動車，燃料電池自動車における社内空調を考慮した量産車両 LCCO$_2$ 排出量の比較分析，日本機械学会論文集，84(866).

ISO（2023）, ISO 14083:2023（en）, Greenhouse Gases ─ Quantification and Reporting of Greenhouse Gas Emissions Arising from Transport Chain Operations, First Edition.

IWW・INFRAS（2004）, External Costs of Transport Update Study.

自動車検査登録情報協会（2022）, 自検協統計 自動車保有車両数 令和 4 年 3 月末現在，自動車検査登録情報協会.

JR 貨物（2021）, JR 貨物グループレポート 2020, https://www.jrfreight.co.jp/info/2021/files/20210317_01.pdf, 2023 年 1 月 13 日閲覧.

閣議決定（2021a）, 地球温暖化対策計画, https://www.env.go.jp/earth/ondanka/keikaku/211022.html, 2021 年 10 月 29 日閲覧.

閣議決定（2021b）, エネルギー基本計画, https://www.enecho.meti.go.jp/category/others/basic_plan/, 2021 年 10 月 29 日閲覧.

環境省（2022）, 我が国の再生可能エネルギー導入ポテンシャル：概要資料導入編, https://www.renewable-energy-potential.env.go.jp/RenewableEnergy/doc/

gaiyou3.pdf, 2023 年 1 月 31 日閲覧.

環境省・経済産業省（2022），サプライチェーンを通じた温室効果ガス排出量算定に関する基本ガイドライン（ver. 2.4）. https://www.env.go.jp/earth/ondanka/supply_chain/gvc/files/tools/GuideLine_ver2.4.pdf, 2022 年 5 月 18 日閲覧.

加納寛之（2010），環境報告書からみたグリーンロジスティクスの現状と課題，日本経営診断学会論集，10，pp.70-76.

Kawamoto, R., Mochizuki, H., Moriguchi, Y., Nakano, T., Motohashi, M., Sakai, Y., and Inaba, A. (2019), Estimation of CO_2 Emissions of Internal Combustion Engine Vehicle and Battery Electric Vehicle Using LCA, Sustainability, 11(9), 2690; https://doi.org/10.3390/su11092690, 2022 年 8 月 25 日閲覧.

経済産業省（2015），長期エネルギー需給見通し，https://www.enecho.meti.go.jp/committee/council/basic_policy_subcommittee/mitoshi/pdf/report_01.pdf, 2018 年 12 月 13 日閲覧.

経済産業省・国土交通省（2007），ロジスティクス分野における CO_2 排出量算定方法共同ガイドライン Ver.3.0., https://www.greenpartnership.jp/proposal/hukyu/CO2guidelinever3.pdf, 2023 年 1 月 19 日閲覧.

経済産業省・国土交通省（2016），ロジスティクス分野における CO_2 排出量算定方法共同ガイドライン Ver.3.1., https://www.enecho.meti.go.jp/category/saving_and_new/saving/ninushi/pdf/guidelinev3.1.pdf, 2019 年 11 月 27 日 閲覧，2023 年 1 月 13 日閲覧.

経済産業省産業技術環境局長・資源エネルギー庁長官・環境省地球環境局長（2022），電気事業者ごとの基礎排出係数及び調整後排出係数の算出及び公表について，https://ghg-santeikohyo.env.go.jp/files/calc/cm_ec/2022/full.pdf, 2023 年 1 月 13 日閲覧.

国土交通省（2021a），航空機運航分野における CO_2 削減に関する検討会（第 1 回）資料，https://www.mlit.go.jp/common/001395880.pdf, 2023 年 2 月 3 日閲覧.

国土交通省（2021b），航空の脱炭素化推進に係る工程表，https://www.mlit.go.jp/common/001445923.pdf, 2023 年 2 月 3 日閲覧.

兒山真也（2014），持続可能な交通への経済的アプローチ，日本評論社.

丸山昭治・前田輝香・加藤光博（2010），郵便事業における環境対策・ユニバーサルサービス提供業務・経営成果：主要郵便事業体にみる環境問題への対応，日本物流学会誌，18，pp.153-160.

McBain, S. and Teter, J. (2021), Tracking Transport 2021, IEA: International Energy Agency, https://policycommons.net/artifacts/1887399/tracking-transport-

2021/2636759/，2022 年 2 月 7 日閲覧．

McKinnon, A. C. (2018), Decarbonizing Logistics: Distributing Goods in a Low Carbon World, Kogan Page.

宮澤康一（2008），運輸部門の地球温暖化対策，運輸と経済，68(1)，pp.29-37.

水口剛（2017），ESG 投資：新しい資本主義のかたち，日本経済新聞社．

モーダルシフト促進のための要因分析調査委員会（2007），モーダルシフト化率の動向分析，https://www.mlit.go.jp/kisha/kisha07/15/150326/02.pdf，2019 年 3 月 12 日閲覧．

森隆行編（2020），モーダルシフトと内航海運，海文堂出版．

森本清二郎・坂本尚繁（2017），船舶の燃費改善と船舶運航・性能管理システム，エネルギー・資源，38(6)，pp.49-53.

長岡正（2015），物流エコ効率指標に関する考察，日本物流学会誌，第 23 号，pp.111-118.

日本長距離フェリー協会（2022），北海道から九州まで 15 航路 長距離フェリー，http://www.jlc-ferry.jp/pamph/2022Pamphlet-A3.pdf，2023 年 1 月 20 日閲覧．

日本エネルギー経済研究所計量分析ユニット編（2020），EDMC/ エネルギー・経済統計要覧（2020 年版），省エネルギーセンター．

日本エネルギー経済研究所計量分析ユニット編（2021），EDMC/ エネルギー・経済統計要覧（2021 年版），理工図書．

日本エネルギー経済研究所計量分析ユニット編（2022），EDMC/ エネルギー・経済統計要覧（2022 年版），理工図書．

日本ガス協会（2014），天然ガス自動車総合カタログ 2014, https://www.gas.or.jp/ngvj/common/data/catalog_2014.pdf, 2023 年 1 月 28 日閲覧．

日本自動車研究所（2011），総合効率と GHG 排出の分析報告書，https://www.jari.or.jp/research-database/detail/?slug=34351.

岡田啓（2008a），日本における貨物交通起因の CO_2 排出の要因分析，東京都市大学環境情報学部紀要，9，pp.17-23.

岡田啓（2008b），日本における乗用車起因の CO_2 排出の要因分析，運輸と経済，68(11)，pp.50-58.

近江貴治（2005），貨物自動車における二酸化炭素排出削減策の考察，日本環境学会第 31 回研究発表会予稿集，pp.37-40.

近江貴治（2009），低炭素社会に向けた物流改革への展望，海運，984, pp.19-23.

近江貴治（2014），運輸部門における CDM・JCM プロジェクトの展開に向けた考察，経済学研究（北海道大学），63(2)，pp.187-196.

近江貴治（2017），貨物輸送分野における低炭素社会に向けた展望，第43回日本環境学会研究発表会予稿集，pp.76-77.

近江貴治（2019），脱炭素ロジスティクスに向けたCO_2排出削減とその算定・意思決定，第36回日本物流学会全国大会研究報告集，pp.21-24.

近江貴治（2020），「地球温暖化対策計画」の貨物輸送に係る対策・目標値の妥当性，日本物流学会誌，28，pp.165-172.

近江貴治（2021），マクロ統計を用いた貨物輸送におけるCO_2排出削減対策・政策の効果分析，日本物流学会誌，29，pp.141-148.

近江貴治（2022），新「地球温暖化対策計画」における物流分野の対策の検討，第39回日本物流学会全国大会研究報告集，pp.49-52.

近江貴治・歌川学（2021），EV（電気自動車）と再エネ電源普及によるCO_2排出削減効果のシミュレーション，日本環境学会第47回研究発表会発表予稿集，pp.1-2.

Omi, T. (2019), Requirements for Shippers by Japanese Energy Conservation Law and its Effects, 6th International Workshop on Sustainable Road Freight (University of Cambridge, UK).

温室効果ガスインベントリオフィス（GIO）編（2021），日本国温室効果ガスインベントリ報告書2021年, https://www.nies.go.jp/gio/archive/nir/jqjm1000000x4g42-att/NIR-JPN-2021-v3.0_J_GIOweb.pdf, 2022年1月25日閲覧.

齊藤実・矢野裕児・林克彦（2020），物流論（第2版），中央経済社.

Schipper, L. and Marie-Lilliu, C. (1999), Transportation and CO_2 Emissions: Flexing the Link — A Path for the World Bank, World Bank Environment Department Papers No. 69., https://documents1.worldbank.org/curated/pt/826921468766156728/pdf/Transportation-and-CO2-emissions-flexing-the-link-a-path-for-the-World-Bank.pdf, 2022年2月9日閲覧.

Siemens (2021a), Road freight fact 1. Operational Range, https://www.mobility.siemens.com/global/en/portfolio/road/ehighway.html, 2023年1月30日閲覧.

Siemens (2021b), Road freight fact 5. Total Cost of Ownership, https://www.mobility.siemens.com/global/en/portfolio/road/ehighway.html, 2023年1月30日閲覧.

資源エネルギー庁（2018），総合エネルギー統計作成マニュアル, https://www.enecho.meti.go.jp/appli/public_offer/2020/data/20210215_003_05.pdf, 2021年8月19日閲覧.

資源エネルギー庁（2020），総合エネルギー統計の解説 2018年度改訂版（案），

https://www.enecho.meti.go.jp/appli/public_offer/2020/data/20210215_003_04.
pdf, 2022 年 5 月 4 日閲覧.

資源エネルギー庁（2021），2030 年度におけるエネルギー需給の見通し（関連資料），
https://www.enecho.meti.go.jp/committee/council/basic_policy_subcommittee/
opinion/data/03.pdf, 2021 年 10 月 29 日閲覧.

資源エネルギー庁（2022），令和 2 年度（2020 年度）におけるエネルギー需給実
績（確報），https://www.enecho.meti.go.jp/statistics/total_energy/pdf/honbun
2020fykaku.pdf, 2022 年 5 月 3 日閲覧.

Smart Freight Centre（2019），Global Logistics Emission Council Framework Ver-
sion 2.0, https://www.flexmail.eu/f-844a1f54174eb51e, 2019 年 7 月 30 日閲覧.

総合資源エネルギー調査会省エネルギー基準部会重量車判断基準小委員会・重量
車燃費基準検討会（2005），総合資源エネルギー調査会省エネルギー基準部会
重量車判断基準小委員会・重量車燃費基準検討会 最終取りまとめ，https://
www.mlit.go.jp/jidosha/juuryoushanenpi/saishuu.pdf, 2023 年 1 月 24 日閲覧.

総合資源エネルギー調査会省エネルギー・新エネルギー分科会省エネルギー小委
員会自動車判断基準ワーキンググループ・交通政策審議会陸上交通分科会自
動車部会自動車燃費基準小委員会 合同会議（2016），（第 1 回）資料「【資料
3】燃費規制に関する重量車の現状等について」（2016 年 12 月 19 日），
https://www.mlit.go.jp/common/001156834.pdf?fbclid=IwAR18Ejm
3LPX5-9xhi144EVlGLZ_gumf0CkvPKzo0O2Tc1SaIVOfvPMai6yw, 2023 年 1
月 25 日閲覧.

総合資源エネルギー調査会省エネルギー・新エネルギー分科会省エネルギー小委
員会自動車判断基準ワーキンググループ・交通政策審議会陸上交通分科会自
動車部会自動車燃費基準小委員会 合同会議（2017），総合資源エネルギー調
査会省エネルギー・新エネルギー分科会省エネルギー小委員会自動車判断基
準ワーキンググループ・交通政策審議会陸上交通分科会自動車部会自動車燃
費基準小委員会合同会議 とりまとめ（重量車燃費基準等），https://www.meti.
go.jp/report/whitepaper/data/20171212001.html, 2023 年 1 月 24 日閲覧.

総合資源エネルギー調査会省エネルギー・新エネルギー分科会省エネルギー小委
員会自動車判断基準ワーキンググループ・交通政策審議会陸上交通分科会自
動車部会自動車燃費基準小委員会合同会議（2019），総合資源エネルギー調査
会省エネルギー・新エネルギー分科会省エネルギー小委員会自動車判断基準
ワーキンググループ・交通政策審議会陸上交通分科会自動車部会自動車燃費
基準小委員会合同会議 取りまとめ（乗用車燃費基準等），https://www.mlit.go.

jp/common/001303219.pdf, 2023 年 1 月 24 日閲覧.

Strategic Railway Authority（2003）, Sensitive Lorry Miles.

水素・燃料電池戦略協議会（2019）, 水素・燃料電池戦略ロードマップ, https://www.meti.go.jp/shingikai/energy_environment/suiso_nenryo/roadmap_hyoka_wg/pdf/002_s05_00.pdf, 2023 年 6 月 23 日閲覧.

田島孝光・佐藤浩一・野口渉・阿部寛之・有賀友恒・戸上稔崇・四木宏香・伊藤淳（2022）, 大型 EV トラック向け 450kW ダイナミックチャージシステムの開発, 自動車技術会 2022 年春季大会学術講演会講演予稿集.

武山義知（2018）, 内陸コンテナデポ（ICD）を利用したコンテナラウンドユースとシャトル輸送をあわせた安定的な CO_2 削減と, 輸送環境負荷軽減への挑戦, ロジスティクスシステム, 27(4), pp.16-20.

寺師茂樹（2021）, 水素社会実現に向けたトヨタの取り組み, 第 24 回水素・燃料電池戦略協議会, https://www.meti.go.jp/shingikai/energy_environment/suiso_nenryo/pdf/024_03_00.pdf, 2023 年 1 月 27 日閲覧.

T&E（2018）, Roadmap to Decarbonising European Shipping, https://www.transportenvironment.org/wp-content/uploads/2021/07/2018_11_Roadmap_decarbonising_European_shipping.pdf, 2023 年 2 月 3 日閲覧.

徳島県トラック協会・香川県トラック協会・愛媛県トラック協会・高知県トラック協会・四国運輸局（2006）, 京都議定書発効による四国における運輸（トラック）部門の環境対策.

トヨタ自動車・みずほ情報総研（2004）, 輸送用燃料の Well-to-Wheel 評価：日本における輸送用燃料製造（Well-to-Tank）を中心とした温室効果ガス排出量に関する研究報告書, https://www.mizuho-rt.co.jp/solution/improvement/csr/lca/pdf/jisseki02_wtwghg2004.pdf, 2019 年 8 月 27 日閲覧.

UNEP（2022）, Emissions Gap Report 2022: The Closing Window, https://www.unep.org/resources/emissions-gap-report-2022, 2022 年 2 月 21 日閲覧.

UNFCCC（2015）, Synthesis Report on the Aggregate Effect of the Intended Nationally Determined Contributions（FCCC/CP/2015/7）, https://documents-dds-ny.un.org/doc/UNDOC/GEN/G15/246/39/PDF/G1524639.pdf?OpenElement, 2020 年 2 月 28 日閲覧.

UNFCCC（2021a）, Nationally Determined Contributions under the Paris Agreement. Synthesis report by the secretariat（FCCC/PA/CMA/2021/8）, https://unfccc.int/documents/306848, 2022 年 11 月 7 日閲覧.

UNFCCC（2021b）, Guidance on Cooperative Approaches Referred to in Article 6,

Paragraph 2, of the Paris Agreement, https://unfccc.int/sites/default/files/resource/cma3_auv_12a_PA_6.2.pdf, 2022 年 1 月 27 日閲覧.

UNFCCC（2022）, Nationally determined contributions under the Paris Agreement（FCCC/PA/CMA/2022/4）, https://unfccc.int/documents/619180, 2022 年 11 月 7 日閲覧.

宇沢弘文（1974）, 自動車の社会的費用, 岩波新書.

WRI and WBCSD（2004）, The Greenhouse Gas Protocol: A Corporate Accounting and Reporting Standard, Revised Edition, https://ghgprotocol.org/corporate-standard,（和訳：温室効果ガス（GHG）プロトコル　事業者排出量算定報告基準　改訂版, 地球産業文化研究所仮訳・中央青山サステナビリティ認証機構改訂・補注, https://ghgprotocol.org/sites/default/files/ghgp/standards/corporaterevised-edition-japanese.pdf, 2022 年 9 月 1 日閲覧）.

WRI and WBCSD（2011）, Corporate Value Chain（Scope3）Accounting and Reporting Standard, https://ghgprotocol.org/corporate-value-chain-scope-3-standard. 2019 年 8 月 27 日閲覧.

WRI and WBCSD（2013）, Technical Guidance for Calculating Scope3 Emissions（version 1.0）, https://ghgprotocol.org/scope-3-technical-calculation-guidance, 2019 年 8 月 27 日閲覧.

矢野裕児（2012）, ロジスティクスにおける環境問題対応と CSR, 物流問題研究, 58, pp.11-15.

Zhu, C. and Du, W.（2019）, A Research on Driving Factors of Carbon Emissions of Road Transportation Industry in Six Asia-Pacific Countries Based on the LMDI Decomposition Method, Energies 2019, 12（21）, 4152.

参照ウェブサイト

ATR ホームページ「First Flight in History with 100% Sustainable Aviation Fuel in Both Engines on a Commercial Aircraft」, https://www.atr-aircraft.com/press post/first-flight-in-history-with-100-sustainable-aviation-fuel-on-a-regional-commercial-aircraft/, 2023 年 2 月 3 日閲覧.

CFP プログラムホームページ, https://www.cfp-japan.jp/, 2023 年 1 月 17 日閲覧.

CHAdeMO 協議会ホームページ「CHAdeMO-ceritifed Charger List」, https://www.chademo.com/wp2016/wp-content/uploads/pdf/Certified_charger.pdf, 2023 年 1 月 30 日閲覧.

Daimler Truck ホームページ「Mercedes-Benz Trucks and Dachser sign Letter of Intent: Order for 50 eActros LongHaul」, https://media.daimlertruck.com/ marsMediaSite/en/instance/ko/Mercedes-Benz-Trucks-and-Dachser-sign-Letter- of-Intent-Order-for-50-eActros-LongHaul.xhtml?oid=52125083&ls=L2VuL2lu c3RhbmNlL2tvL2VBY3Ryb3MtTG9uZ0hhdWwueGh0bWw_b2lkPTQ3NDY 5NTIyJnJlbElkPTYwODI5JmZyb21QaWQ9NDc0Njk1MjImcmVzdWx0SW5m b1R5cGVJZD00MDYyNiZ2aWV3SHlwZT10aHVtYnMmc29ydERlZmluaX Rpb249UFVCTElTEVEX0FULTImdGh1bWJTY2FsZUluZGV4PTEmc m93Q291bnRzSW5kZXg9NSZmcm9tSW5mb1R5cGVJZD00MDYyOA!!&rs=1, 2023 年 2 月 4 日閲覧.

F－LINE ホームページ「ネットワーク物流」, https://www.f-line.tokyo.jp/ service/network/, 2023 年 1 月 24 日閲覧.

外務省ホームページ「菅総理大臣の米国主催気候サミットへの出席について（結 果 概 要 ）（ 令 和 3 年 4 月 22 日 ）」, https://www.mofa.go.jp/mofaj/ic/ch/ page6_000548.html, 2021 年 11 月 18 日閲覧.

ICAO ホ ー ム ペ ー ジ「ON BOARD a sustainable future」, https://www.icao.int/ environmental-protection/Documents/ICAOEnvironmental_Brochure-1UP_ Final.pdf, 2023 年 2 月 3 日閲覧.

IEA ホ ー ム ペ ー ジ（a）「CO_2 emissions from fuel combustion with electricity and heat allocated to consuming sectors in 2017」, https://www.iea.org/ subscribe-to-data-services/CO2-emissions-statistics, 2021 年 11 月 18 日閲覧.

IEA ホームページ（b）「COP26 climate pledges could help limit global warming to 1.8 °C, but implementing them will be the key」, https://www.iea.org/ commentaries/cop26-climate-pledges-could-help-limit-global-warming-to-1-8-c- but-implementing-them-will-be-the-key, (CC BY 4.0), 2021 年 11 月 18 日閲覧.

IMO ホ ー ム ペ ー ジ「Guidelines on life cycle GHG intensity of marine fuels」, https://www.imo.org/en/OurWork/Environment/Pages/Lifecycle-GHG-- -carbon-intensity-guidelines.aspx, 2023 年 2 月 3 日閲覧.

IPCC ホームページ, https://www.ipcc.ch/about/, 2021 年 10 月 6 日閲覧.

JAF ホームページ「ACC（車間距離制御装置）と燃費数値」, https://jaf.or.jp/ common/safety-drive/new-technology/acc/about-acc/fuel-efficient, 2023 年 2 月 5 日閲覧.

JICA ホームページ, https://www.jica.go.jp/aboutoda/interdependence/jica_ databook/09/09-5.html, 2022 年 1 月 28 日閲覧.

次世代自動車振興センターホームページ「EV 等 保有台数統計」, https://www.

cev-pc.or.jp/tokei/hanbai.html, 2023 年 2 月 4 日閲覧.

環境イノベーション情報機構ホームページ「EIC ネット 環境用語集 水素の色」，https://www.eic.or.jp/ecoterm/?act=view&serial=4871, 2023 年 1 月 27 日閲覧.

環境省ホームページ（a）「気候変動に関する政府間パネル（IPCC）第 6 次評価報告書第 I 作業部会報告書（自然科学的根拠）の公表について」，https://www.env.go.jp/press/109850.html, 2021 年 10 月 6 日閲覧.

環境省ホームページ（b）「日本の NDC（国が決定する貢献）」，https://www.env.go.jp/earth/earth/ondanka/ndc.html, 2021 年 11 月 18 日閲覧.

環境省ホームページ（c）「温室効果ガスインベントリの概要」，https://www.env.go.jp/earth/ondanka/ghg-mrv/overview.html, 2022 年 1 月 25 日閲覧.

環境省ホームページ（d）「温室効果ガス排出量算定・報告・公表制度 算定方法・排出係数一覧」，https://ghg-santeikohyo.env.go.jp/calc, 2023 年 1 月 13 日閲覧.

国土交通省ホームページ（a）「モーダルシフトとは」，https://www.mlit.go.jp/seisakutokatsu/freight/modalshift.html, 2023 年 1 月 19 日閲覧.

国土交通省ホームページ（b）「運輸部門における二酸化炭素排出量」，http://www.mlit.go.jp/sogoseisaku/environment/sosei_environment_tk_000007.html, 2023 年 1 月 19 日閲覧.

国土交通省ホームページ（c）「国土交通白書 2022 資料編 資料 11-3 旅客船事業の自動車航送台数及び台キロ」，https://www.mlit.go.jp/hakusyo/mlit/r03/hakusho/r04/data/html/ns011030.html, 2023 年 1 月 13 日閲覧.

国土交通省ホームページ（d）「自動車燃費一覧（令和 4 年 3 月）」，https://www.mlit.go.jp/jidosha/jidosha_fr10_000051.html の「3. ガソリン乗用車の JC08 モード燃費平均値の推移」，2023 年 1 月 19 日閲覧.

国土交通省ホームページ（e）「報道発表資料（2021 年 6 月 18 日）2023 年から世界の大型既存外航船に CO_2 排出規制開始〜国際海事機関（IMO）第 76 回海洋環境保護委員会（6/10〜17）の審議結果〜」，https://www.mlit.go.jp/report/press/kaiji07_hh_000194.html, 2023 年 1 月 13 日閲覧.

国土交通省ホームページ（f）「海事レポート 2021・数字で見る海事 2021 について」https://mlit.go.jp/maritime/maritime_tk1_000101.html, 2022 年 8 月 22 日閲覧。

交通エコロジー・モビリティ財団ホームページ「グリーン経営認証取得による効果−2018 年版−」，https://www.green-m.jp/greenmanagement/data/greenmanagement_kouka2018.pdf, 2020 年 10 月 25 日閲覧.

沖縄電力ホームページ「当社の電源構成・非化石証書使用状況について（2021 年度

実績値)」, https://www.okiden.co.jp/shared/pdf/corporate/profile/s_and_d.pdf, 2023 年 2 月 5 日閲覧.

ロイターホームページ「訂正：ペプシコ，来年テスラ大型 EV トラック 100 台配送に導入」, https://jp.reuters.com/article/pepsico-tesla-semi-idJPKBN2T3082, 2023 年 2 月 4 日閲覧.

世界銀行ホームページ「CO$_2$ emissions from transport（% of total fuel combustion)」, https://data.worldbank.org/indicator/EN.CO2.TRAN.ZS, 2022 年 2 月 7 日閲覧.

SIEMENS ホームページ（a)「eHighway – Electrification of road freight transport」, https://www.mobility.siemens.com/global/en/portfolio/road/ehighway.html, 2023 年 1 月 30 日閲覧.

SIEMENS ホームページ（b)「First eHighway in Germany, Oct 30, 2019」, https://press.assets.siemens.com/content/siemens/press/ui/en/search.html#/asset/sid:8324bfa3-ab7c-489a-853c-d00d04aa90ab, 2023 年 2 月 21 日閲覧.

資源エネルギー庁ホームページ「機器・建材トップランナー制度について」, https://www.enecho.meti.go.jp/category/saving_and_new/saving/enterprise/equipment/, 2023 年 2 月 3 日閲覧.

SuMPO ホームページ, https://www.cfp-japan.jp/common/data_news/000968/1592894439.pdf, 2023 年 1 月 17 日閲覧.

T&E ホームページ「More than half of Europeans want earlier end to palm oil in diesel – and a stop to soy too, poll finds」, https://www.transportenvironment.org/discover/more-half-europeans-want-earlier-end-palm-oil-diesel-and-stop-soy-too-poll-finds/, 2023 年 1 月 27 日閲覧.

トヨタ自動車ホームページ（a)「プリウス PHV のライフサイクル環境取り組み」, https://global.toyota/jp/sustainability/esg/challenge2050/challenge2/lca-and-eco-actions/, 2023 年 1 月 23 日閲覧.

トヨタ自動車ホームページ（b)「トヨタ MIRAI 主要諸元表」, https://toyota.jp/pages/contents/mirai/001_p_001/pdf/spec/mirai_spec_201501.pdf, 2023 年 1 月 28 日閲覧.

全国高速道路建設協議会ホームページ「高規格幹線道路網の現況」, http://www.zenkousoku.com/maintenance/%E9%AB%98%E8%A6%8F%E6%A0%BC%E5%B9%B9%E7%B7%9A%E9%81%93%E8%B7%AF%E3%81%AE%E7%8F%BE%E6%B3%81/, 2023 年 1 月 31 日閲覧.

索　引

▨著者紹介

近江　貴治　（おうみ・たかはる）

1972 年　神奈川県生まれ
1994 年　岡山大学文学部史学科地理学履修コース 卒業
1996 年　北海道大学大学院経済学研究科修士課程 修了，修士（経営学）
1996 年　社団法人北海道開発問題研究調査会（現・北海道総合研究調査会）
2002 年　株式会社日通総合研究所（現・NX 総合研究所）
2014 年　中村学園大学流通科学部准教授
2021 年　久留米大学商学部准教授　現在に至る

研究分野：
　物流論，環境経済・政策論

主要業績：
　『産官学民コラボレーションによる環境創出』（共著）本の泉社，2022 年
　「マクロ統計を用いた貨物輸送における CO_2 排出削減対策・政策の効果分析」
　　『日本物流学会誌』第 29 号，2021 年

だっ たん そ ぶつりゅう
脱炭素物流
ち きゅう　まも　　　　　　せいさく　ぎ じゅつ　せん たく
―地球を守るリアルな政策・技術の選択

▨発行日──2023 年 9 月 16 日　初 版 発 行　　　　〈検印省略〉

　　　　　　　　　　おうみ　　たかはる
▨著　者──近江 貴治

▨発行者──大矢栄一郎

　　　　　　　　　　　　　　はくとうしょぼう
▨発行所──株式会社　白桃書房

　　　　〒101-0021　東京都千代田区外神田5・1・15
　　　　☎03-3836-4781　📠03-3836-9370　振替00100-4-20192
　　　　https://www.hakutou.co.jp/

▨印刷・製本──藤原印刷

　　Ⓒ OMI, Takaharu　2023　Printed in Japan　ISBN 978-4-561-76232-4　C3063